没有教不好的孩子，
只有不会教的父母

张敏 / 编著

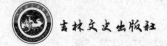
吉林文史出版社

图书在版编目（CIP）数据

没有教不好的孩子，只有不会教的父母 / 张敏编著 .
-- 长春：吉林文史出版社，2018.10（2019.7 重印）

ISBN 978-7-5472-5605-3

Ⅰ .① 没… Ⅱ .① 张… Ⅲ .① 家庭教育 Ⅳ .① G78

中国版本图书馆 CIP 数据核字 (2018) 第 249044 号

没有教不好的孩子，只有不会教的父母
MEIYOUJIAOBUHAODEHAIZI,
ZHIYOUBUHUIJIAODEFUMU

编　　著	张　敏
责任编辑	张雅婷
封面设计	末末美书
出版发行	吉林文史出版社有限责任公司
地　　址	长春市福祉大路出版集团A座
电　　话	0431-81629353
网　　址	www.jlws.com.cn
印　　刷	天津一宸印刷有限公司
开　　本	880 毫米 × 1230 毫米　1/32 开
印　　张	8
字　　数	147 千
版　　次	2018 年 10 月第 1 版　　2019 年 7 月第 2 次印刷
定　　价	36.80 元
书　　号	ISBN 978-7-5472-5605-3

前言
PREFACE

　　这个时代，凡是做了父母的，都有一个共同的心愿，那就是渴望让自己的孩子能够健康快乐成长，早日成才。但是教育孩子从来不是一件容易的事，在孩子的成长过程中，会出现很多问题，如不听话、不好好学习、乱发脾气、闯祸等。很多孩子俨然成为令父母头疼不已的"问题少年"，他们叛逆、孤僻、自私，甚至缺少正直、善良、勇敢的良好品质。

　　面对孩子出现的各种问题，家长可以说是操碎了心，更是想尽办法改变自己，教好孩子。可结果呢？往往事与愿违，父母越是想要对孩子严加管教，孩子越是反抗，想要挣脱父母的束缚；父母越是耳提面命地嘱咐孩子不要这样、不要那样，孩子偏偏和父母对着干，一意孤行。

　　于是，为了孩子的健康成长，家长一边苦苦寻找解决问题的办法，一边焦虑不已，感慨现在的孩子真是难教。但父母也应想一想，真的是孩子难教吗？怎么也教不好吗？

　　答案必然是否定的。孩子出生时只是一张白纸，什么也不懂，什么也不会，是父母一点儿一点儿地教他如何说话做事、如何解决问题，是父母教他什么是正确的、什么是错误的。可以说，孩子很小的时候，他们所听到的、看到的、感觉到的东西，都是我们慢慢地融入他的内心和思维中的，而孩子的所作所为、所思所想也是我们教给他们的。

如果说孩子在成长中有了哪些问题，也应该是父母教育的问题，甚至是父母自身的问题。正如苏联著名教育家马卡连柯说的，"父母是孩子人生的第一任老师，他们的每句话，每个举动，每个眼神，甚至看不见的精神世界，都会给孩子带来潜移默化的影响。"

教育孩子的过程中，一旦让他被负面信息捆绑，如负面评语、过度管控、不相信孩子，甚至是粗暴地对待他们，他们在成长过程中就容易被各种问题所困扰。

一旦父母忽视了亲子沟通，就很难和孩子建立起信任关系，易于让他们逐渐远离父母，甚至性格孤僻，出现社交恐惧。

一旦父母在日常生活中忽视了言传身教，不能给孩子树立好的榜样，孩子就容易沾染上不良习惯，比如撒谎、不负责任、没有公德等。

……

没有教不好的孩子，只有不会教的父母。作为父母，我们应该了解孩子，改变自己教孩子的不当方式，做好表率，这样一来，便可以解决各种问题，让自己的孩子成为品学兼优的乖孩子。

当然，孩子不是机器人，他们有着不同的性格、爱好，来自不同的家庭，各有所长，所以我们要根据孩子的个性和特点采取适合他们的教育方法，和孩子共同成长！

目 录
CONTENT

第 1 章
没有不成才的孩子，只有不靠谱的家庭

家庭往往决定着孩子的性格、行为、心理，乃至整个人生。在一个良好的家庭环境中，孩子不成才都难；可在一个不靠谱的家庭，即便孩子天赋极高，也很难成才。正因如此，父母想要自己的孩子成才，就必须给他们营造一个良好的生活和学习环境。

第 2 章
孩子的问题，首先是父母的问题

孩子是父母的影子，是家长的一面镜子。在成长的过程中，孩子是好还是坏，是不修边幅还是有教养，很大程度要看父母是否能够做出好榜样。所以，家长想要孩子成为有教养的好孩子，自己就不要做"熊家长"。

第 3 章
不抓敏感期教育，等于埋没孩子的潜力

所谓敏感期，就是孩子某一行为或是某一种能力发展的最佳时期。也就是说，在这一段时间内，孩子对形成这些行为和能力的环境影响特别敏感。只要我们抓好了敏感期教育，就能够挖掘孩子的潜力，让孩子更好地成长。

作为父母，我们千万不要忽视孩子的敏感期教育，否则过了这段时期，只能是后悔莫及了！

第 4 章
过度管控，早早扼杀了孩子的自主力

中国父母总是挥舞着"为孩子好""经验之谈"的大棒，为孩子铺好一条"成功"的道路。可这些行为也意味着他们剥夺了孩子的自由和自主选择的权利。

一旦父母的关心和爱护变成过度地管制、控制孩子，那么就会把孩子变成一个没有思想和生活能力的巨婴，使其彻底失去自主力、独立性。

第 5 章
溺爱即诅咒，越宠溺，孩子越不争气

溺爱，就是父母喂给孩子的一味毒药。虽然父母的初衷是爱孩子、疼孩子，可这对于孩子的成长绝对是弊大于利。很多时候，父母越是宠溺，孩子就越不争气；父母越是袒护孩子，孩子就越"易碎"。

第6章

迫学才厌学，孩子学习不好，是父母不会引导

逼迫孩子的家庭，就像是一片沼泽，时间长了，孩子不是想要尽早逃离，就是有窒息的危险。强迫孩子做他不喜欢的事情，不是健康家庭应该有的样子。因此，想要孩子好好学习，父母必须要避免逼迫、催促和强制，而是应该学会引导，让孩子爱上学习。

第7章

棍棒出逆子！孩子的行为问题，来自父母给的叛逆

孩子出现问题，打骂是最简单的方法，也是很多家长时常采取的方式。然而，这却不是一种正确、合适的教育方法，棍棒之下教不出听话、顺从的孩子，相反还可能会打出一个叛逆、麻木、没有安全感的孩子。而孩子种种

行为的苦果，只能是种下这苦果的父母自己来品尝。

第8章
隔离导致孤僻，被圈养的孩子往往社交恐惧

孩子虽然是父母生养的，但是他们却不是父母的傀儡，有选择自己生活方式的权利，也有自主做事、到外面闯荡的权利。一旦父母不忍心放手，想要把孩子圈在自己的保护圈内，就束缚了孩子的手脚，捆绑了孩子的天性。

第9章
本末别倒置：忽视孩子的心灵给养，
远比物质匮乏更可怕

为人父母，我们应该给予孩子什么，是舒适的生活环境、丰厚的物质条件，还是关心爱护、理解支持，以及丰裕的心灵给养？如果是前者，那

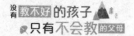

这父母和自动取款机有什么区别!

我们应该记住，物质不能代替爱，更不能给孩子心灵的满足。用心爱孩子，满足孩子的情感需求，才能让孩子更快乐、更幸福!

第 1 章

没有不成才的孩子，
只有不靠谱的家庭

家庭往往决定着孩子的性格、行为、心理，乃至整个人生。在一个良好的家庭环境中，孩子不成才都难；可在一个不靠谱的家庭，即便孩子天赋极高，也很难成才。正因如此，父母想要自己的孩子成才，就必须给他们营造一个良好的生活和学习环境。

成功与出身无关，却与生长环境有关

人能创造环境，环境也能改变人。在影响孩子成长的众多因素中，家庭环境发挥着决定性的作用。

家庭环境是孩子出生后面对的第一个环境，也是他们最常接触的。孩子在人生的第一个环境中接受教育产生的影响，会在心中留下难以磨灭的印象，给他们的终身成长烙上难以改变的印记。家庭环境对于孩子的影响，就像温度之于鸡蛋——没有适宜的温度，鸡蛋永远孵化不出小鸡。

时光回到若干年之前。

那一年大考，一位秀才带着即将临盆的妻子进京赶考。这也是无奈之举，家中至亲已故，无人照料，唯有如此。

谁曾想，一路颠簸，妻子动了胎气，腹痛难忍，一行人连忙就近住进了一家客栈。巧合的是，客栈老板的妻子也正临产。秀才悬起的心放下了一半，这里有现成的接生婆，妻子和未出生的孩子应该无甚大碍。

当晚，秀才妻与老板妻先后诞下麟儿，母子皆平安。两个男孩同年同月同时生，这是莫大的缘分，欣喜之余，两家人结下干亲。秀才大考未中，在客栈附近寻一房舍，做起了私塾先生。两个孩子都很聪慧，在秀才的悉心调教下，一日胜似一日地有出息，这让秀才很是欣慰。后来，妻子思乡心切，秀才一家才依依不舍地与客栈老板一家作别。

时光荏苒，转眼间两个孩子到了二八年华，秀才的儿子不负所望，高中榜眼。老秀才高兴之余，想到干儿子与亲子同日出生，又是那般聪慧，想来也该有个锦绣前程。回想起当年客栈老板的相助之恩，以及两家人相处的快乐时光，秀才备好礼物，千里迢迢专程来为客栈老板道贺。

故人故地，无限唏嘘。秀才将礼物递上，一番问候，话题便转到了干儿子身上。客栈老板指了指厅堂："喏，在干活呢。"秀才顺着手指看去，只见一痞里痞气的年轻人，正给客人打酒，跟客人闲聊呢。

怎么会这样？秀才一脸惊诧："令郎与犬子同日出生，自幼我见他慧心巧思，犹胜犬子，理应此时也得到功名才是……"

客栈老板哈哈大笑："他哪有那个命。这臭小子从小跟着我卖酒、招呼客人，识得的几个字还都是当年你教的，拿什么考功名？他啊，就是一个卖酒的命。"

秀才闻言，默默无语，惋惜不已。

蓬生麻中，不扶而直；白沙在涅，与之俱黑。

孩子独自闯荡世界之前，他们大多与父母在家里生活，父母是孩子无法选择且不可任意更换的第一任老师。对于父母的言行举止，孩子耳濡目染，这种潜移默化的影响比之学校教育、社会教育来得更加深刻。

家庭不仅会影响孩子的在校学习，而且能深入塑造他们的个性和人格，孕育孩子的未来面貌。也许我们暂时无法为孩子提供雄厚的经济基础，但起码不能让他们缺少适合生长的优良环境。

1. 好环境不等于富环境

家庭环境主要包括家庭的经济条件、亲子关系、父母的教育观念、思想层次、行为方式、生活习惯等。其中，经济条件如不是捉襟见肘、无力支持校园教育，对孩子的教育影响就不大；而亲子关系、教育观念、思想层次、行为方式、生活习惯等，则关系着孩子生活、成长、发展的方方面面，影响甚重。因而，在与孩子的相处过程中，父母要谨慎自己的言行，正直而有品位，对孩子关爱而不放纵，充分发挥模范作用，与孩子建立良好互动关系，这才是适合孩子生长的家庭环境。

2. 夫妻之间相敬如宾

2018 年 1 月，江苏的一位 13 岁少年从阳台一跃而下，当时他的父母正在吵架。

父母吵架对孩子来说，每一分钟都是煎熬。在"家庭战火"中长大的孩子，有人自卑敏感，有人胆小怯懦，有人抑郁自闭，有人社交恐惧，有人焦躁暴力，有人偏执冷漠……不和谐的家庭，注定会造就孩子不和谐的人生。

因而切记：一定要尽量避免在孩子面前吵架，万一一时失态，千万别忘补救。比如，借鉴一下杨澜在"第五届新东方家庭教育高峰论坛"上的经验之谈：

单腿跪地，用完全平视的角度跟孩子说：

——爸爸妈妈刚才做了一件非常错误的事，我们在你面前那样争吵，而且用了很不雅的语言。

——我们想跟你说，大人有时候也会做出一些很愚蠢的事情，比如刚才我们做的事情就很愚蠢，我们俩真诚地向你道歉。

——请你原谅我们。第一，爸爸妈妈彼此之间还是相爱的；第二，我们不想让你受到任何的惊吓和伤害。

杨澜夫妇在家庭教育中的这个片段非常经典，而他们的孩子无论是人格还是学业，都非常优秀，大学还和妈妈成了校友。

如果孩子能够深刻体会到父母的相亲相爱以及对自己的爱，我们无须过多地向他解释什么是友爱和亲善。家庭中的温馨情感流入孩子的心田，他们便能正确地理解和处理自己生命中的各种关系。

3. 夫妻共同教育

在中国家庭，教养孩子的责任多数由女性承担，男人在这方面往往做得并不好，这种家庭教育是失衡的。

父亲是家庭教育中"原则性和严肃性"的主体，母亲作为女人，天性使然，在"原则性和严肃性"的把握上往往不到位。因此，如果父亲不在家庭中演绎好自身角色，孩子很容易出现规则性和修养性的缺失，也容易出现性别异化和其他问题。

从某种意义上说，家庭就是孩子的整个世界，因此父母必须注重言传身教，给孩子创造温暖且有力量的成长环境。要知道，也许就是父母的一句话，孩子的人生可能就此发生改变。

没有不成才的孩子，只有放弃的父母

没有不希望孩子成才的父母，但是很多时候我们却看到很多的自相矛盾：父母希望孩子成绩优异，考上不错的学校，可一旦孩子努力学习了，可成绩还是差强人意时，父母就认为孩子没有读书的天赋，不再督促他们继续努力学习了。还有的父母希望孩子能够好好学习，可是孩子就是不爱学习，无奈之下，父母只好放弃，任由孩子"自由成长"；希望孩子能成为运动健将，可孩子一旦跌倒，父母就会说运动不安全，劝孩子放弃；希望孩子能养成坚持到底的好品质，可一旦孩子失败，父母往往就先灰心丧气……

有的父母抱怨孩子不成才，没有天赋，可是事实上，很多孩子之所以不成才，就是因为父母比孩子先放弃了，让孩子看不到希望；或是父母彻底放弃了孩子，认为孩子就不是"成才的料"。结果孩子因为父母的埋怨而痛苦，父母也在崩溃的边缘徘徊。

没有不成才的孩子，只有因为看不到希望而放弃的父母。只要父母想看到孩子成才，并且对孩子的未来充满希望，不对孩子产生放弃的念头，那么孩子就有无限的希望。

爱因斯坦是世界著名的物理学家，被美国《时代周刊》评选为"世纪伟人"。可在他小时候，却是一个让父母头疼不已的孩子。别人八九个月时就开始学说话，他却直到 3 岁才开始咿咿呀呀地学说话，甚至到了八九岁的时候，还不能说出完整的话来。由于他的语言能力非常差，到了 10 岁左右才上学，是学校里公认的"笨孩子"。

很多家长在面对这样的孩子时，早就心急如焚了，或是对孩子的未来充满失望，或是抱怨：为什么我的孩子这么愚笨？为什么我的孩子这么偏科，仅仅数学还算拿得出手！或许他们还会彻底放弃这个孩子，让他自生自灭。

幸好，爱因斯坦的父母没有这样做。面对这样一个"笨孩子"，他的父母没有对他失望，也没有产生放弃的想法，而是看到了孩子的数学天赋，积极鼓励和引导他，让他继续努力学习，尽情地表现自己。到了中学的时候，爱因斯坦其他学科的成绩虽不算好，但数学成绩异常优秀，年年都能拿满分。凭着他对数学和物理的天赋与激情，他在物理学上取得了巨大的成就，成为世界上最著名的物理学家。

没有哪个孩子注定是平庸的，他们或许在某些方面有些迟钝，但只要父母没有放弃，到最后他可能也不是一个平凡的普通人。终有一天，他的天赋和才华会被挖掘，从而获得令人意外的收获。

一部叫作《地球上的星星》的儿童电影中，小男孩伊夏的遭遇和幼年的爱因斯坦一样，成绩不好，且有阅读障碍。伊夏爱捣乱，总是惹父母生气，也听不懂老师的指令，甚至连阅读课文这样简单的任务都不能完成。在老师和同学甚至是父母的眼里，他就是一个愚笨、无可救药的孩子。

可是寄宿学校的一位美术老师却没有放弃他，并且发现了他有极高的绘画天赋。这位老师找了伊夏的父亲，劝说他要欣赏孩子，并给予他足够的鼓励和肯定；并找了学校校长，说服校长不要放弃他，给予孩子更多的关注和帮助。

在这位美术老师的建议下，伊夏的父母、校长和老师开始关注他、鼓励他，并为他举办了一场由全校师生共同参与的美术大赛。伊夏没有辜负大家的希望，他画出了令所有人都惊艳的作品，获得了比赛的第一名。

如果伊夏没有遇到那位可敬的美术老师，他的才华就不会被发现；如果没有伊夏父母和学校的支持、鼓励，他可能会变得越来越糟糕，成为彻底的"坏孩子"。所以，童年的平庸与迟钝并不代表着未来的毫无作为，若是父母先于孩子产生放弃的念头，才是对孩子未来的否定、对孩子才华的埋没。

因此，在孩子的成长过程中，父母千万不要觉得孩子注定成不了才，更不要对他们放弃希望，因为父母对孩子的态度会对他们的人生产生巨大的影响。孩子会从父母的态度中寻找自我和自信，一旦父母对孩子产生怀疑、失望的念头，他们也会怀疑自己、放弃自己，可能一生都一事无成。

没有仪式感的家庭，很难养出有立体感的孩子

《小王子》里，小王子和狐狸之间有这样一段对话：

狐狸对小王子说："你最好是每天同一个时间来看我。"

小王子迷惑不解地问道："为什么？"

"比如，你每天下午四点来看我，那么从三点起，我就开始有幸福的感觉。时间越临近，这种幸福的感觉就越强烈。到了四点的时候，我甚至会幸福得坐立不安。"狐狸回答说，"我发现了幸福的价值，所以要让它有一定的仪式感！"

"仪式感是什么？"小王子不解地问道。

狐狸说："它就是使某一天与其他日子不同，使某一时

刻与其他时刻不同。"

没错，仪式感让某一天、某一刻都变得与众不同，让我们获得了更多的快乐和幸福感。它让我们在很多年之后还依稀记得当初的怦然心动、难忘瞬间，比如爱人第一次捧着鲜花出现在你面前，又如你陪孩子度过的第一个生日，再如孩子进入学校的第一个启蒙礼……

很多时候，我们的生活是普普通通的，匆忙而又平淡，但仪式感则让我们把那些看似平常的事情变得庄重，具有独特的意义，让这些事情变得美好和难忘，让我们的家人和孩子感受到我们的爱和情谊。

有仪式感的家庭，不管是大人还是孩子都能表达自己的爱，并感受到对方的爱。而没有仪式感的家庭，则很难培养出有立体感的孩子，很难让孩子真切地感受到父母对自己的爱。

里奥有一个非常幸福的家庭，而这个 5 岁的孩子也比其他孩子更善于表达自己的情感，具有较高的情商。这是因为里奥的妈妈是一个仪式感很强的女人，时常给孩子和爱人带来惊喜。

里奥每年过生日的时候，妈妈都会专门安排一系列活动，除了生日蛋糕、许愿、一家人的聚会，还有很多独特的小活动。就拿里奥过 5 岁生日这一次来说吧，妈妈竟然安排全家人坐飞机来到海南，还在海边点燃了心形的许愿灯。

那一天，里奥和爸爸妈妈、爷爷奶奶来到了海边，妈妈提前让爸爸蒙住孩子的眼睛，然后逐一点亮了许愿灯。当里奥睁开眼睛的时候，他兴奋得跳了起来，然后抱住妈妈，高兴地说："妈妈，我实在太爱你了！谢谢你，专门为我准备这个惊喜！"妈妈笑着说："宝贝，妈妈也非常爱你！那么，你就开始许愿吧！"

有人曾经质疑："孩子的生日，有必要弄得这么隆重吗？"可里奥妈妈总是笑着说："这并不是隆重与否的问题，我只是想要用这种仪式来表达对孩子的爱意。生活已经很累了，如果没有了仪式感，岂不是更加无趣？我们平时总是忙于工作，如果没有了仪式感，孩子又怎能感受到我们的爱和关怀呢？"

仪式感并不只是形式，它是我们对孩子的爱，能够给孩子带来快乐的记忆，给我们的生活带来充实和丰盈。小小的仪式，在一家人的心里留下了美好的记忆和幸福的感觉，这岂止是形式呢？

所以，我们应该多一点儿仪式感，认真地对待生活，给家庭和孩子带来乐趣和幸福。

1. 夫妻之间需要仪式感的情调

人们常说，无趣的父母，孩子也有趣不到哪里去。同样的道理，没有仪式感的父母，孩子也很难有立体感和幸福感。正因如此，夫妻之间应该多一点儿仪式感，让生活变得有趣、有情调。

比如早上的时候，彼此互相道声早安；母亲节、情人节的时候，父亲要给妻子送鲜花；生日的时候，父母要为彼此送礼物、过生日；每天给彼此一个亲吻或是拥抱……这些小小的举动虽然简单，却能让孩子感到父母是相爱的，家庭是温暖的，而自己是幸福的。

美国亚特兰大日报社曾经做过这样一个调查，发现家庭的一些小故事和小回忆给人带来的幸福感远比物质上的满足，甚至比事业上的成就更丰盈。这些故事和回忆往往是一个个小小的仪式就能完成的，比如每天早上给家人说早安，晚上给家人说晚安、亲吻；家人过生日时，给家人制作特殊的生日帽；每年有一次家庭旅行；每天晚上给丈夫冲一杯咖啡……

2. 仪式感不关乎金钱，而关乎父母对孩子的爱

如果问一个孩子，你最难忘的事情是什么？很多孩子会说，我第一次收到爸爸妈妈的生日礼物或是第一次和爸爸妈妈到海边旅行，抑或是上幼儿园的时候第一次参加拔河、跳舞比赛……

不管这些事情是大是小，它们都是最具有仪式感的时刻，也给孩子留下了深刻的印象，让他们内心满足。

可是生活中，很多父母却误解了仪式感，认为要营造仪式感，就必须给孩子最好的、最隆重的。比如给孩子过生日，为了营造仪式感，特意租下五星级酒店，定下昂贵的蛋糕，邀请各种各样的人物……

事实上，这并不是仪式感，而是炫耀和攀比。仪式感只是对生活的态度，在生日这个特殊的时刻，让孩子感受到父母的爱，感到内心的富足。即便没有那些奢华和排场，只是简单的聚会、美味的蛋糕以及小小的游戏，也能让孩子特别高兴。

孩子的成长只有一次，永远不会有重来的机会。所以，父母应该让生活多一些仪式感，让孩子感觉到父母对他们的爱和关怀，感觉到生活的美好。如此一来，孩子才更有幸福感，变得更加自信和独立，对于生活具有不一样的理解。

有幸福感的孩子，成就往往都不差

芳芳是一位离异的单亲妈妈，一边要在职场上和男同事竞争，一边要照顾10岁的女儿，生活和工作都非常辛苦。可是为了让孩子感到幸福，她花费了不少心思，平时尽量满足孩子的要求，给孩子安排最好的学校。

她以为孩子和自己的生活是幸福的。可是有一天，她给孩子收拾房间，竟然看到女儿的日记本上写着这样的话：我现在感到自己非常可怜！爸爸妈妈离婚了，我是一个没有人疼爱的孩子！我真不知道活着还有什么意思！

看了这样的话，芳芳感到万分震惊，她竟然不知道女儿有这样的想法！为了给孩子一个好的成长环境，她和丈夫离了婚，只因为丈夫从来不管孩子，只知道和朋友聚会、喝酒；为了让孩子过上好日子，她努力地工作，有时甚至比男同事还要拼命；为了满足孩子，她尽量给孩子最好的。可是，为什么孩子觉得自己可怜呢？觉得自己不疼爱她呢？

对此，芳芳感到万分不解！

事实上，芳芳的女儿之所以有这样的想法，是因为她没有从家庭中获得足够的安全感和幸福感。父母离异了，她觉得自己是个可怜的人，缺少父母的爱；妈妈平时将大部分的时间用于忙工作，让她感受不到妈妈的爱。

现实生活中，很多孩子像芳芳的女儿一样，他们虽然生活在优越的环境下，却感觉不到父母的爱和关怀，更感觉不到幸福。因为缺少幸福感，这些孩子的性格变得自卑、孤僻、内向，甚至对生活充满失望。在这样性格的影响下，他们不愿意相信别人，也不愿意和别人交往，宁愿一个人生活在自己的小世界里面。当然，这样的状态也会影响孩子的未来发展，很难成为有较大成就的人。

而据调查统计，那些感觉不到幸福的孩子，往往都来自这样的家庭：父母长期缺席或离异；父母过于强势，控制欲非常强；父母总是和孩子哭穷；孩子时常遭受父母的语言暴力……不管上述家庭是否能够给孩子带来足够的物质满足，只要孩子在这样的环境中成长，他们就很难有幸福感。

可以说，每个孩子在出生时，心中都有一颗幸福的种子，只有种子发芽了，孩子的人生才会幸福、美满，才能有美好的未来。但是这颗种子是否能够发芽和成长，并不取决于孩子自己，而是取决于父母以及孩子成长的家庭环境。因此，我们要好好地保护这颗幸福的种子，让它更好地发芽和成长，感受到幸福。

1. 父母相爱，孩子才有幸福感

当父母在孩子面前相亲相爱，孩子就可以从父母对于彼此的爱里感受到幸福，并且获得足够的安全感。这样的孩子，性格会变得越来越自信和开朗，成年之后，他们的人际关系也会越来越好，成就也越来越大。

我们之前所讲的事例中，芳芳的女儿之所以感受不到幸福，与父母离异是有很大的关系的。由于缺少幸福感，芳芳的女儿总是自怨自艾，甚至对生活充满失望。如果芳芳不能解决这个问题，让孩子感受到幸福，她的未来人生肯定会受到影响。

2. 做不抱怨的父母，不给孩子传递负能量

生活在负能量环境中的孩子，很难感觉到幸福。倘若父母总是在孩子面前抱怨工作不顺利、生活不开心，或是动不动就发脾气，孩子就会感染上这种负能量，成为一个容易抱怨、容易发牢骚的人。

在他们的思想里，生活是不公平的，一切错误都是别人引起的，而自己就是最倒霉的那一个。比如考试考砸了，

他们会抱怨试卷太难，抱怨父母没有让自己好好休息，抱怨考场的蚊子制造噪音；再如和同学发生矛盾，他们会把错误全部归于对方，而不从自己的身上找原因……

正如俞敏洪所说："在任何一种父母有负面情绪的家庭环境中生长起来的孩子，幸福指数一般都非常低。"这样一来，孩子很难成为一个幸福的人，更难成为一个积极向上、有自信、有担当的人。

3. 给孩子足够的关注和陪伴

暑假有一部热播剧《陪读妈妈》，里面有一个孩子叫丁一一，他的妈妈李娜是一家化妆品公司的董事长，整天就想着努力打拼事业，给儿子最好的生活和教育。

可是，丁一一却对妈妈的苦心丝毫不领情，反而指控说："你看我的每一次生日，每一次学校表演，我妈在哪儿？我妈的工作就是她的儿子。"虽然他获得了最好的物质满足，身穿名牌，花钱自如，却没有丝毫的幸福感，就是因为缺少了妈妈的关注和陪伴。

虽然像李娜这样的父母，他们这样做的目的也是为了孩子好，可这样的家庭只会令孩子越来越疏远自己，感觉不幸福，甚至会影响到孩子心理健康发展。

想要让孩子有幸福感，父母就应该多关注和陪伴孩子，这是父母给孩子最好的爱。即便父母白天忙碌，晚上也应该多陪伴孩子，把晚上当成亲子间的特殊时光。比如睡觉前，和孩子分享一天中的美好往事；孩子较小的话，可以给孩子讲一些故事，陪孩子阅读一些故事书；和孩子谈谈心，听孩子说说校园里发生的事情；倾听孩子的心声，帮他们克服消极情绪……

不被信任的孩子，很难信任父母

孩子的世界非常简单，在小的时候，爸爸妈妈就是他们的全世界。于是，爸爸妈妈成为孩子最相信的人，这种信任与生俱来、毫无条件。

然而，可悲的是，在孩子的成长过程中，由于父母的错误教育，使得孩子越来越不信任父母，和父母的距离越来越远。比如孩子信任父母，把自己的小秘密和父母说了，并且郑重地说："妈妈，我只告诉你了，你可不要告诉别人哦！"结果呢？妈妈转过头来就把这个秘密当作谈资或是笑话说了出来，甚至当着孩子的面告诉其他人，孩子越着急越尴尬，父母笑得就越开心。

再如，很多父母不愿意相信自己孩子说的话，反而相信别人对自己孩子的评价，不给孩子解释和争辩的机会。孩子在外面受了欺负，父母总是数落自己的孩子，"你是不是先惹事了？""别人怎么不挨欺负，怎么就你被他欺负啊！""你不惹事，别人怎么会找你麻烦呢？"

正是因为父母的这些不恰当的教育方式，让孩子越来越不信任他们，什么都不愿意和父母说。以至于发生了非常严重的事情，宁愿自己一个人忍受苦痛，也不愿意告诉父母。11 岁的龙龙就是因为对父母的不信任，遇到问题不愿意和父母沟通，而导致了一场严重的不幸。

事情是这样的。某个周日的时候，龙龙和几个同学一起出去玩。其间，龙龙和同学发生一些矛盾，争吵得非常厉害，结果那几个同学竟然用橡皮筋把龙龙的生殖器绑了起来。这橡皮筋勒得非常紧，龙龙自己根本无法取下来。

回家之后，龙龙并没有把这件事情告诉爸爸妈妈，就那样生生地忍着疼痛挨了两天。第三天的时候，龙龙已经疼得下不来床了，这才向爸爸妈妈说明事情的原委。爸爸妈妈立即将龙龙送进医院，可是由于时间太长了，生殖器被勒住的部分已经坏死，只能截掉。

事后，龙龙的爸爸妈妈伤心地痛哭起来，尤其是妈妈哭着喊道："你这孩子为什么不早点儿告诉我们？如果你早告诉我们，事情怎么会弄成这个样子？"

听到妈妈的质问，龙龙也大声地哭喊着："告诉你们，你们会相信我吗？从小到大，我每次被欺负，你们只会说是我的错误，还说为什么别人会打我，肯定是我招惹到人家了！反正你们从来就没有相信过我，我和你们说有用吗？"

没错，这个悲剧就是父母和孩子之间的不信任而导致的。在生活中，龙龙的父母非常强势，时常用自己的主观意识来曲解孩子的话，也不愿意听孩子辩解。龙龙在外面和别的同学发生了矛盾，他们不分青红皂白地就骂一顿，甚至还责怪孩子惹是生非。

孩子在外面受了欺负，本来就很委屈，回家再被家长责骂和训教，当然就不信任父母了，不愿意和父母说自己的事情。于是，龙龙习惯了自己解决问题，即便自己解决不了，也不愿意主动向父母求助。

很多父母责怪孩子什么都不和自己说，不信任自己。可是，信任是相互的，你从来没有给过孩子信任，又怎能让孩子对你产生信任感呢？如果孩子对父母连信任都没有，他们又怎能信任别人，并且在这个社会上立足，取得相应的成绩呢？

苏联教育家苏霍姆林斯基的著作《要相信孩子》中，阐述了父母相信孩子能力的重要性，并且指出，不管是在孩子的天性还是后天成长要求中，对孩子信任的需求都是非常迫切和必要的。

事实就是这样。父母给予孩子充分的信任，才能让孩子感受到自我价值的存在，产生强烈的自尊感和自重感。父母越是信任孩子，孩子处理问题的独立性和积极性就越强，战胜困难和解决问题的勇气、信心就越强。同时，父母的信任可以让孩子感觉自己受到父母的重视，自己与父母是处于平等位置的，从而增强孩子的自我意识和独立意识。

相反，在家庭教育中，父母一旦不信任孩子，怀疑孩子的能力，孩子的自尊心和积极性就会受到严重打击，独立意识和动手尝试的勇气也会随之减弱。更重要的是，在这种情况下，孩子也不再信任父母，不再和父母诉说自己的愿望或想法。

而孩子不再信任父母，后果是非常可怕的。他们认定父母不相信自己，不理解自己，不管自己怎么努力也无济于事，因此就会越来越消极、执拗，与父母背道相驰。

因此，父母给予孩子充分的信任，是教育好孩子的前提，也是让孩子成才不可缺少的条件。只有父母信任了孩子，孩子才会愿意信任父母，并且形成良好的亲子沟通。在和谐的沟通中，父母才能尽早地发现孩子的缺点和错误，给孩子指引正确的方向。而孩子也更愿意和父母交流，接受父母的建议和指导，从而成为最优秀的人。

给孩子安全感，就是给孩子一生的幸福

1959 年，美国发展心理学家亨利·哈罗做了一个实验，他把刚刚出生一天的小猴和母猴分离，然后让它和另外两个母亲生活在一起：一个是挂在铁丝上的奶瓶，一个是毛绒母猴。

经过一段时间的观察，亨利发现这只小猴除了喝奶之

外，其他时间基本上都和毛绒母猴待在一起。这是因为，这个毛绒母猴是有温度的、柔软的，可以给小猴子安全感。而这安全感则是除了饥饿和饥渴的生理需求外，是小猴子最迫切的情感需求。

同样，我们人类的婴儿也是如此。在孩子出生到 3 岁之前，是安全感建立的重要时期。这个时期，母亲的陪伴是他们获得安全感的重要途径。当母亲陪在他们身边，通过眼神、身体和话语等方式向孩子表达自己的爱，那么孩子就可以获得足够的安全感，并且感到幸福和快乐。

换句话说，在孩子成长的过程中，父母给予孩子足够的安全感，孩子才能产生足够的幸福感。同时，孩子还可以从这种安全感中获得生存的动力、活力，让自己逐渐具有自信、积极、勇敢、独立等品质。而孩子一旦在小时候没有建立牢固的安全感，他们就容易变得敏感、脆弱，失去探索这个世界的勇气和欲望。

俊俊 1 岁了，可是非常敏感，特别爱黏妈妈。妈妈带他出去玩，其他人碰他一下，他就哭个不停；每次一家人出去玩，必须要妈妈抱着，爸爸或是奶奶抱一下，他就大哭特哭。很多时候，妈妈去个洗手间，都得抱着他去。

其实，俊俊的行为是缺少安全感的表现。在俊俊 6 个月的时候，妈妈就开始上班，由奶奶来照顾他。然而，没过两个月，奶奶就生病住院了，妈妈只能请一位老家的亲戚来做保姆，帮助照看一段时间孩子。

当时，俊俊妈妈没有考虑太多，只想着有人能照顾孩子就好了，然后等到自己下班之后再照料孩子。可令她没有想到的是，原本比较乖的俊俊变得非常难带，动不动就大声哭闹，只能保姆一个人抱着，陌生人碰一下都不行；妈妈下班之后，一看见妈妈就哭，好像受了什么特别大的委屈。

那时候，俊俊妈妈并不知道孩子是缺乏安全感，担心熟悉的妈妈和阿姨又像奶奶一样，突然之间就不见了。所以，等到奶奶身体恢复之后，俊俊妈妈就辞掉了老家的亲戚，继续让奶奶来照料孩子。结果，敏感的孩子更加没有安全感了，变得更加黏着妈妈，甚至不愿意相信任何人。

尤其是妈妈加班或是出差的时候，俊俊睡觉的时候都会哭泣不止，不肯自己睡在床上，必须要奶奶抱着才肯入睡。等到妈妈回来的时候，俊俊就一直赖在妈妈身上，不让奶奶抱，不让爸爸摸；睡觉的时候，俊俊会突然睁开眼睛，看到妈妈在自己身边，就闭上眼睛接着睡。如果发现妈妈不在身边，就会哭闹半天。

可见，缺少安全感的孩子非常敏感和脆弱，正如卢姆在《安全的感觉》中所说的，"安全感是个人健康发展的自然基础，没有安全感，你必会有意无意的神经紧张，而你正在进行的行为会受到'劫持'。缺乏安全感，人和谐成长就没有力量，由于陷入了无休止的紧张，但你还得保持进攻或防卫姿态，你渐渐已将精力耗光"。

甚至这种影响会伴随着孩子的整个人生，使他多疑、忧虑、脾气暴躁，很难交到朋友，还有可能左右他的人生。有关数据显示，很多犯罪分子的犯罪心理，都跟他们小时候极度缺乏安全感有很大的关系。

所以，当孩子来到这个世界之后，父母应该给予他足够的安全感和更多的心理抚慰。

1. 父母要给予孩子足够的陪伴

在孩子的成长过程中，父母要多陪伴孩子，给予孩子心灵上的慰藉和安抚。尤其是对很多工作繁忙的父母来说，不要认为把孩子托付给保姆或是长辈照顾就好了，这样很难让孩子建立牢固的安全感，获得足够的幸福感。

父母不管多忙都应该抽时间陪伴孩子，和孩子进行心灵上的交流和沟通，让孩子感受到你对他的爱和关怀。正如林语堂所说："人生的幸福：睡自家的床；吃父母的饭；听另一半说话；陪孩子游戏。父母是陪孩子长大的人，这少不了肢体上的安抚和心灵上的交流。"

2. 给孩子一个有爱、和睦的家

很多父母觉得孩子年纪小，什么都不懂，于是在孩子面前想说什么就说什么，想争吵就争吵，想发脾气就发脾气。

可事实上，孩子的内心是敏感的，一旦父母时常争吵、感情不和，孩子的内心就会形成巨大的压力。当父母争吵或是打架的时候，孩子会产生不安和恐惧的心理，他们会在心里反复地问自己，父母是不是因为讨厌自己而吵架？他们是不是不爱我，会不会离开我？

在这样想法的影响下，孩子就会失去对父母的信任，失去安全感，只能在角落里暗自哭泣或是自怨自艾。而且，孩子长大后也会对自己产生怀疑，对婚姻产生恐惧。

3. 培养孩子的独立意识

很多时候，孩子缺乏安全感是因为父母干预得太多了。父母过分溺爱孩子，控制孩子，让孩子失去了独立探索世界的机会和勇气，以至于失去安全感。所以，我们要培养孩子的独立能力，当他们真正独立了，安全感就会有所提升。

总之，婴幼儿时期的安全感决定了孩子一生的幸福感，甚至对他的人生也具有很大的影响。当孩子出生后，我们要给予孩子足够的爱，帮助他们建立牢固的安全感，促进孩子形成健康心理、健全性格，将来在社会上更完美地展现自己。

自己不思进取，把希望寄托在孩子身上

人们常说，这个世界上有三种笨鸟，一种是比别人先飞的，另一种是嫌累而不愿意飞的，还有一种则是从没想

没有不成才的孩子，只有不靠谱的家庭

过自己学飞，回家下一堆蛋，然后逼着小鸟使劲飞的。而这三种笨鸟中，最令人讨厌的就是第三种。

可生活中，很多父母却充当着第三种笨鸟的角色，他们自己一生平平庸庸，却盼望着孩子能取得好的成就；自己不思进取，却逼迫着孩子不断努力，盼望着他们能够成为人中龙凤。

这样的想法不可笑吗？

一位教育专家曾说："为人父母，应该勇于反思自己，改变自己，杜绝坏习惯，而不是自己经常放弃，却希望孩子每天奋斗；自己不喜欢体育，却要求孩子每天运动。对自己、对孩子的双重标准，只会导致家庭教育的失败。"而这种教育的失败，只能让孩子更无法顺利地成才和成功，甚至使孩子因为父母的逼迫而背负太大的压力，产生叛逆思想。

徐泽生活在一个普通家庭，父母都是普普通通的工人，过着平淡而普通的生活。正是因此，徐泽的父母把孩子当成全家的希望，盼望着他能够出人头地，改变全家人的命运。

在徐泽很小的时候，妈妈就会在他的耳边说："孩子，你可要努力啊！你是我们全家的希望，只有你出人头地了，我们才能过上好日子。"父母是这样说的，也是这样做的。他们给孩子报了很多培训班，让孩子做各种练习，一看到孩子有所松懈，就苦口婆心地说："你怎么就不知道努力呢？

别忘了，你可是全家的希望啊！"

可当孩子努力学习的时候，徐泽的父母又在做什么呢？爸爸依旧做着普通的工人，不思进取，浑浑噩噩地混日子。每当公司要求加班的时候，爸爸就抱怨说："这个公司真是太气人了！每天都让我们加班，又不给我们涨工资，我才不那么犯傻呢！"

每当有同事加了薪、升了职，爸爸就开始唠叨着说："为什么这么好的事情轮不到我？我的工作能力也不错啊！"可事实上，他在工作期间不是偷懒就是磨蹭，每天从上班开始就盼着下班。

开始的时候，徐泽还努力地学习，每天认认真真地完成作业，不到十一点不睡觉。星期天的时候，他也会积极主动地上培训班，完成各种练习和作业。可慢慢地，看着懒散、不思进取的父母，徐泽也失去了努力的动力和激情。

当父母再次要求他努力的时候，他就会反驳道："从小到大，你们就知道让我努力，让我出人头地，我从前都是按照你们的要求去做了，争取年年考第一。可是，我努力的时候，你们在做什么？凭什么你们不努力，却逼着我积极进取呢？"

徐泽的父母不思进取，却埋怨孩子"不成才"，甚至把全家的希望都寄托在孩子身上。正是由于徐泽父母的"双标"，让孩子失去了努力的动力和激情，逐渐放弃自己。也正是因为父母没有做好示范作用，孩子才产生了叛逆心理。

我们说，孩子是否优秀和成功，父母的言传身教最具决定性作用，而且身教远远大于言传。如果你想让孩子成才，那么就应该自己努力给孩子看，让孩子知道父母也是积极进取、追求成功的人。如果你想要让孩子成为一个优秀的人，那么就应该注意好自己的身教，努力让自己成为一个优秀的人。

这里的优秀，不是指你要成就多大的事业，或是挣多少钱，而是应该让孩子看到你的努力、坚持、积极进取、勤劳和勇敢。当你把这些展示给孩子看的时候，即便你不说什么，孩子也会自发自觉地变得更加努力、积极进取。

一个女孩子，她凭借优秀的成绩考入了美国麻省理工学院，并且拿到了高额奖学金。是这个女孩子有天赋，还是她的父母每天逼迫着她学习？事实上，这个女孩之所以能够成才，和父母的熏陶是分不开的。

女孩子的父母非常喜欢看书，而父母的影响下，她从小就喜欢上了读书；女孩子的父母工作积极努力，尤其是爸爸曾经为了拿下一个项目，加班加点地工作了一个多星期。在父母都努力工作的环境下，女孩知道了努力的可贵，并养成了积极、主动学习的好习惯。

优秀的家庭环境并不是让孩子吃最好的、穿最好的，而是给孩子树立一个良好的榜样，给予孩子一生的财富。

所以，如果你想要孩子成才，就不要做不靠谱的家长，自己不思进取，却把希望寄托在孩子身上。正如英国心理学家希尔维亚·克莱尔在《挖潜能》一书中说的："如果你自己都不准备去有所成就，你也不能期望你的孩子去做什么。"父母要做给孩子看，让孩子看到你的积极进取，他们自然容易成为一个成功、优秀的人。

Chapter 2

第 2 章©

孩子的问题，
首先是父母的问题

孩子是父母的影子，是家长的一面镜子。在成长的过程中，孩子是好还是坏，是不修边幅还是有教养，很大程度要看父母是否能够做出好榜样。所以，家长想要孩子成为有教养的好孩子，自己就不要做"熊家长"。

小心点儿，孩子正看着你呢！

你是什么样的父母，你的孩子就会变成什么样的人。孩子身上的所有问题，都可以在父母的身上找到源头。父母习惯了吊儿郎当，在家里坐没坐相、乱扔垃圾，那孩子走到哪里都不可能规规矩矩；父母整天满口脏话，动不动就对孩子大呼小叫，孩子肯定也是一个没有丝毫教养的人。

虽然孩子小，不懂得什么是规矩和教养，但是他复制了父母教给他的一切，并且把父母的行为粘贴在自己身上，成了另外一个父母的样子。

在一家豪华的大酒店里，一位新人正举行着婚礼，气氛其乐融融，宾朋满座。来参加观礼的客人也都盛装出席，一看都是彬彬有礼的人。主持人介绍新郎、新娘的时候，所有人都安静地倾听着，可一个打扮非常帅气的小男孩却拿着一杯果汁在大厅里跑来跑去，还大声地喊叫，声音几乎盖过了主持人的声音。

显然，主持人感到有些尴尬，便笑着对小男孩说："小帅哥，你是不是非常高兴啊！难道新郎或新娘是你最喜欢的人？不过，我们可以等过一会儿再庆祝，先听听他们之间浪漫的爱情故事，好吗？"

小男孩看了主持人一样，就像风一样跑开了，回到妈妈坐的那一桌。宾客们都以为这个孩子已经把话听进去了，然而没想到，小男孩又跑到舞台边上，捏起了气球，捏爆一个气球就大声呼喊一声。在这样的场合，小男孩的举动和如此刺耳的爆破声，让很多人感到不舒服，很多宾客皱起了眉头，新郎新娘的脸色也有些不好看。

可是小男孩子的妈妈并没有做什么，只是微笑地看着孩子，悠闲地吃着饭桌上的东西。越玩越高兴的小男孩抱起一个气球，向妈妈这边跑了过来，一下就撞上了正在上菜的服务员。

幸好这盘是凉菜，没有烫到孩子，可小男孩的衣服却被染上了一大片汤汁。小男孩"哇"的一声哭了出来，拍打着服务员说："你是坏人！你陪我衣服！你陪我衣服！"

此时，许久没有作声的小男孩的妈妈也腾地站了起来，怒气冲冲地来到服务员面前，大声地喊道："你没长眼睛吗？"

服务员立即鞠躬道歉："真的很抱歉！"

还没等服务员说完，小男孩的妈妈就指着服务员的鼻子骂道："道歉有什么用？你都把我儿子吓哭了！你看，这衣服也被弄脏了。你知道这衣服多少钱吗？"

服务员连忙说："不好意思，如果洗不干净，我会陪您钱的……"

小男孩的妈妈显然不接受服务员的道歉，嘲讽地说："赔钱？你一个月的工资，也不够我们买这一件衣服。再说了，我们像是在乎这点儿钱的人吗？我就没有见过你这么笨的服务员，把你们经理叫来，我一定让他开了你……"

新郎新娘不想事情越闹越大，毁掉自己原本高兴的婚礼，于是便出来打圆场。酒店的大堂经理也是百般求情，这位妈妈才勉强大事化小。

托尔斯泰说："全部教育，或者说千分之九百九十九的教育都归结到榜样上，归结到父母自己的端正和完善上。"综观小男孩妈妈的行为表现，我们不难理解这样一个帅气的男孩为什么会如此无礼、骄纵，且没有教养了。

事实上，这位妈妈只是新郎的一个远方亲戚，家里非常有钱，可平时待人刻薄、骄纵霸道，对孩子更是溺爱得不行。结果，在母亲的溺爱和影响下，这个男孩更是无比的骄纵霸道，没有一点儿教养和规矩。

孩子是最善于模仿的，尤其是善于模仿最亲近的父母。父母的言行，就是孩子们模仿的对象，甚至在他长大一些的时候，这些不良的行为还会成为孩子为自己的错误开脱的理由。所以在日常生活中，父母们要注意自己的一言一行，尽可能做到为人正直、真挚守信、文明礼貌。这样一来，在耳濡目染之下，孩子还能养成良好的习惯，成为一个有良好教养、品性的人。

作为父母，在做任何事情之前，都应提醒自己：小心点儿，不要做出不良的举动，孩子正看着我呢！我不能给孩子做坏的榜样！

孩子明天怎样，就看你今天如何影响他

很多父母都不想孩子输在起跑线上，可事实上，父母才是孩子最重要的起跑线。这是因为，在孩子的成长过程中，父母是他第一个接触的人，也是他童年时期最重要的伴随者和教育者。正因如此，父母对于孩子的影响非常重要，很多时候，父母的一举一动都会被孩子无声无息地复制下来，并且潜移默化地影响着孩子的今天和未来。

可以说，孩子明天怎样，就看作为父母的今天如何影响他。

上名校，是所有父母对于孩子的殷切希望。而能够上世界著名的常春藤学校，则更是众多父母梦寐以求的。有一年，加州大学想要在北京招收一些交换生，这个消息对于很多家长来说，真是千载难逢的机会。一旦孩子获得了这个机会，就意味着他拥有了美好的人生和前途。

正因如此，无数家长跃跃欲试，想要为孩子争取到这个绝好的机会。一所重点高中的学霸吴磊就获得了这个宝贵的面试机会，他是家长和同学们心中最优秀的孩子，也拥有钢琴、绘画等多项特长。可令人没有想到的是，这个

孩子竟然落选了。

为什么会这样？吴磊和父母感到迷惑不解，甚至怀疑面试官是不是有违公平。最后，在获得面试官的解释之后，他们才知道，竟然是一个问题让吴磊彻底失去了被录取的资格。

在面试过程中，吴磊的表现非常好，也赢得了面试官的青睐。最后，面试官问："你学习非常优秀，也具有很多特长，将来你想要做什么呢？"

吴磊自豪地说："大学毕业之后，我要找到好工作，挣很多很多的钱！"

面试官笑着说："不错，那么挣很多钱之后，你想要用这些钱做什么呢？"

吴磊回答说："我想要周游世界，看看外面没有看过的风景、人物，以及那些不可思议的东西！"

显然，面试官对于吴磊的回答比较满意，觉得他是一个有想法的孩子。之后，他接着问道："那么之后呢？每个人的人生都很漫长，你不可能把全部的时间都用来周游世界。之后，你最想做的事情是什么？"

听了面试官的话，吴磊毫不犹豫地说："当然是结婚生子，然后过上好日子！我要给爸爸妈妈买上大房子，一家子过上幸福的好日子！"

面试官解释说："虽然这个孩子的成绩非常优秀，但是却没有长远的眼光和对未来的规划。他的未来规划只是赚钱、过上好日子。对于这个孩子来说，他的理想是虚无缥缈的，格局是狭窄的，这样的孩子怎能有更大的作为呢？"

作为一个孩子，吴磊的心智还不成熟，又缺乏社会经验，很难看得远。但是我们不得不承认，他之所以没有未来规划和远大抱负，是父母教育和影响的结果。在平时，父母给他的教育就是："你要好好学习，这样才能考上好的学校！""考上了好学校，你将来才能赚很多很多的钱！""赚了很多很多的钱，我们一家人才能住上大房子、过上好日子！"

父母总是关心孩子的未来会怎样，可事实上，对于孩子未来影响最大的就是父母的教育和影响。在吴磊父母的心里，他们教育孩子就是为了让孩子将来赚钱、过好日子，就是为了让孩子孝顺自己，改变一家人的命运。而在这个环境中成长的孩子，我们又怎能奢望他有什么大的格局或是远大的抱负呢？

无论孩子聪明与否，智商如何，他们的行为习惯往往都会带有父母的烙印；他们的明天，都会受到父母今天教育的影响。父母贪图享乐、不思进取，孩子在将来也肯定会成为毫无理想抱负的人；父母积极向上，有远见和大格局，孩子在将来必将有所成就，成为比父母更有出息的人。即便父母没有刻意地教育，这些行为和思想也会在潜移默化中影响孩子的心灵。

就像苏霍姆林斯基说的那样："不要以为只有你们同孩

子谈话和教导孩子、吩咐孩子的时候，才是在教育孩子。在你们生活的每一瞬间，甚至当你们不在家的时候，都是在教育孩子。你们怎样跟别人说话，怎样对待朋友和仇敌，怎样笑，怎样读报……所有这一切，对孩子都有很大的教育意义。"

想要孩子有美好的明天和未来，父母们就应该让自己先成为最优秀、最成功的人，让孩子为自己感到无比自豪；教育孩子有长远的眼光和远大的格局，不让孩子拘泥于自己的小圈子之中；让孩子的内心变得更加强大，只有内心强大了，孩子才能在将来的道路上成为真正的强者……

越和孩子"较劲"，孩子越"拧着来"

现在，孩子脾气都很倔，性格也很叛逆，家长说他一句，他能够反驳三句；家长让他们好好学习，他们非要淘气贪玩。尤其是青春期的孩子，什么事情都喜欢和父母"拧着来"，家长越是不让他们做什么，他们偏偏就喜欢做什么。

周末晚上，十三岁的嘉泽就和爸爸犟了起来，父子两人争论得面红耳赤。

嘉泽怒气冲冲地向爸爸大声嚷道："你凭什么不让我出去！明明已经答应我了，你就是一个不讲信任的人。"

爸爸的脸色也不好看，态度生硬地说："之前说好了，是因为我以为旅行是学校组织的，有老师带队！可是，你现在才说只有你们几个孩子去，我能答应你吗？"

看到爸爸的态度如此坚决，嘉泽气得眼睛都红了，大声喊道："不行！我都已经和同学约好了，周末这两天去隔壁城市旅行。我不能反悔，反悔就是不讲信用的人！这样一来，谁还愿意和我做朋友？谁还愿意听我说话？不管怎样，我明天就是要去旅行！"

听儿子这么一说，嘉泽爸爸更是火大，凶巴巴地喊道："你们这么大的孩子独自去那么远的地方旅行，这是多危险的事情！我说了不许去就不许去！如果你再和我犟嘴，就别怪我不客气了！现在，赶紧去睡觉！"

嘉泽见爸爸这么不讲理，心里非常不服气，梗着脖子说："哼！你越是不让我去，我就越去！看你能把我怎么办！你自己不讲信用，难道也让我成为不讲信用的人吗？"

听了孩子的话，嘉泽爸爸更加生气，扬起手就要打孩子一通。见父子两人的矛盾已经越来越大，嘉泽的妈妈立即出来拦住爸爸，然后对嘉泽说："宝贝，你先到房间里睡觉，这个问题我会和爸爸谈谈的，好吗？"妈妈好说歹说，嘉泽才快快地回到房间。

回过头来，妈妈劝爸爸说："其实，孩子也不小了，他们几个小朋友一起出去旅行也没有什么不好的。人家外国小孩，不也是十几岁就独自一人就到处跑吗？更何况现在孩子已经大了，你不能动不动就和他吼叫，更不能动手打他，而是应该好好和他说说……"

妈妈的话还没有说完，爸爸就打断了她："他今天这个样子，我怎么和他好好说！你看，他就是故意和大人作对，简直太不像话了！"

妈妈微笑着说："孩子现在处于叛逆期，你越是和他较劲，他就越和你拧着来。即便他明白你是为他着想，知道你说的有道理，恐怕也很难听你的话！既然你是为孩子着想，为什么不能好好地和孩子讲道理呢？难道你和他好好交流，孩子还会非要和你犟着来吗？"

爸爸也知道自己刚才过于强硬了，便苦着脸说："那你说该怎么办？"

妈妈笑着说："这你就不用管了，我一会儿和他好好谈谈，相信孩子会想通的。"果然如妈妈所说，经过和妈妈的沟通和交谈之后，嘉泽放弃了独自旅行的打算，并且约定暑假时几个家庭一起去。

事实上，嘉泽和爸爸的这场争吵，爸爸负有很大的责任。他明明关心孩子，怕几个孩子出去遇到危险，所以才改变了之前的主意。但是，他却控制不住脾气，掌握不好方法，让孩子产生了逆反心理。这种和孩子"较劲"的做法，只能让孩子对爸爸产生强烈的失望和反感，越来越和爸爸"拧着来"。

要知道，孩子年纪还小，身体和心智都还没有发育成熟，更不知道如何控制自己的情绪。所以一有不顺心的事情，就容易发脾气，和父母"拧着来"。

这个时候，父母应该做的就是耐心地引导孩子，让孩子明白自己错在哪里。正如嘉泽妈妈所说，父母想要让孩子听话，就应该好好地和孩子沟通，不能摆出家长的身份来压人，更不能怒火一上头就和孩子"较劲"。

1. 不要用身份来压人，把命令改为商量

生活中，很多父母是非常幼稚的，一旦孩子不听话，他们就会习惯用家长的身份来教训孩子，要求孩子必须听他们的命令，幼稚地和孩子"较劲"。这样的教育方式是非常错误的，在教育孩子方面起不到任何作用。

你越是和孩子"较劲"，孩子的内心就越叛逆，就越和父母"拧着来"。因此，父母在教育孩子的时候，要注意说话的方式和态度。如果孩子没有按照你的想法来做，不要直接命令孩子，而是耐心地和他商量，想办法说服他，如此才能让孩子听话。

2. 学会冷处理，不要和孩子硬碰硬

孩子和父母犟嘴，很多情况都是一时冲动，父母越是和他争论，他们的情绪也就越激动。这个时候，父母不妨学会冷处理，让自己和孩子都冷静下来，等到他们情绪稳定之后再好好地交流。相信，之后孩子就不会对你的意见那么排斥了。

父母应当明白，和孩子"较劲"是起不到任何教育效

果的。要想让孩子听话，就要尝试着理解他、走近他，好好和他交流！

父母情绪稳定，孩子才不会失控

在家庭教育中，父母情绪稳定才是给孩子的最好的教育。有时候，这比父母相亲相爱，更能给孩子带来幸福感和安全感。

不难发现，父母具有良好的情绪管理能力。孩子不仅可以获得足够的安全感，情绪也会更加稳定、平和。在情绪平和的孩子身上，我们将看到更多的笑容、礼貌、教养，以及更好的自我控制能力。而那些父母倘若动不动就大吼大叫、情绪失控，孩子总是更容易走极端，不能驾驭自己的情绪和脾气，更难拥有一个良好的心理素质。这样的孩子，即便再优秀、智力再高，也会因为无法做到自控，在人生的道路上走得磕磕绊绊。

也就是说，在教育孩子的过程中，父母首先要注意控制情绪，只有做到情绪稳定、能够自控，才能教育出懂得自控、善于自我管理的孩子。

五年级的敬丹学习成绩非常不错，也积极参加学校的课外活动。可是，在她迷上了游戏之后就彻底变成另外一个样子。上课时总是神游太虚，想着玩游戏的事情，导致学习成绩一落千丈。她不再积极参加学校课外活动，把大部分的时间都花在了游戏上，就连最喜欢的围棋学习也就此荒废了。

敬丹爸爸知道后非常生气，很想把孩子痛骂一通，质问她为什么管不住自己，让自己沉迷于游戏。但是爸爸控制住了自己的脾气，因为他知道，情绪失控的自己是无法教育孩子的，反而让孩子更容易被父母的情绪所影响，使得本身并不严重的问题，变成真正的问题。更何况，父母都无法克制自己的脾气，又有什么资格让孩子更好地控制自己呢？

想明白了这些，敬丹爸爸决定用理智的方法来帮助孩子克服游戏瘾，并且培养孩子的自控能力。爸爸找到了敬丹，温柔地对她说："亲爱的女儿，我想和你谈一个问题。你最近沉迷于游戏，荒废了学习，这对你的学习和成长都是非常有害的。我知道你不想沉迷于游戏，也想好好学习，可是你无法控制自己，是不是？"

听了爸爸的话，敬丹立即说："爸爸，你说得没错！我的内心也是矛盾和痛苦的，可是就是无法很好地控制自己。上课的时候，我不自觉地就会想游戏的事情；放学的时候，也会不自觉地拿起手机玩游戏。即便把手机放在柜子里，我也无法认真地完成作业！爸爸，你能帮帮我吗？"

爸爸笑着说："其实，这没有什么特殊的方法，只能靠你自己的耐力和控制力。在你想玩游戏的时候，看你是顺从了自己的心，还是坚持冷静一会儿，继续完成作业；你在课堂上走神的时候，看你是继续想着玩游戏，还是提醒自己，把注意力拉回到课堂上来？这完全看你是否有强大的自制力。"

看敬丹有些为难，爸爸继续说道："你知道吗？平时，爸爸妈妈也有情绪不好的时候，尤其是你犯错的时候，我们也非常愤怒。但是因为爸爸妈妈能控制自己的脾气，所以才没有动不动就对你发脾气。"随后，爸爸又加了一句，"知道你玩游戏上瘾之后，你知道我多愤怒吗？我恨不得狠狠地训斥你一顿，但是我还是控制住了自己。爸爸能做到，我相信你也能做到！"

敬丹想了想，说道："爸爸，你相信我，我一定能做到。从明天起，我就再也不玩游戏了，你来监督我，好吗？"

爸爸高兴地说："当然可以！"

为了帮助孩子提高自控能力，戒掉游戏瘾，爸爸还帮助她制定了自控和管理自我的法则：安排好学习和生活时间，使得学习和生活变得更加有规律；把手机和电脑锁起来，避免继续陷入其中；控制自己的坏情绪，避免动不动就发脾气；控制消极心态，积极乐观地面对学习和生活。

半年之后，敬丹果然彻底地戒掉了游戏瘾，并且成为善于自我控制和管理的孩子。如此一来，她的学习成绩得到很大提高，各方面都变得越来越优秀。

可以想象，如果敬丹爸爸不是情绪稳定、善于自控的家长，知道孩子染上了游戏瘾之后，就急躁地训斥孩子，甚至愤怒地打骂，那么敬丹肯定又是另一番样子。更重要的是，敬丹很可能会成为爸爸那样的人，不能驾驭自己的情绪，无法做到自控。

不可否认，对于尚在成长发育中的孩子来说，自控能力差、情绪不稳定是正常现象。但是，父母的教育和影响也是至关重要的。倘若父母就是一个容易情绪失控的人，那么不管你如何教孩子学会控制自己，如何教孩子提高自制力，都是苍白无力的。在孩子的心里，他们会这样说："凭什么你总是发脾气，却要求我不要发脾气呢？"

我们要学习情绪管理，做情绪稳定而又平和的父母，如此孩子自然就很难失控了，也能更好地自控了。

做乐观开朗的父母，养育积极向上的孩子

情绪不同于感觉，它会控制我们的注意力，指挥我们的思想，并且影响我们的行为。比如，拥有积极乐观的情绪，我们的注意力就会放在美好的、向上的事物上，思想和行为也会变得更加积极向上，能够战胜一切困难和挫折。一旦情绪变得消极悲观，我们的眼里就只能看到不好的事物，思想也会被消极、悲观所占据，从而导致自己的行为越来越退缩、胆怯。

更为关键的是，我们的情绪是积极还是消极，不仅影响我们自己的行为，还会影响我们的孩子，甚至左右孩子的未来乃至整个人生。

李菲是一个乐观向上的女孩子，不管遇到什么问题，她都会用微笑来面对，总是把"生活是美好的，即便现在有些不如意，但这终究会过去的！"这句话挂在嘴边。

刚刚毕业的时候，李菲和同学居住在不到 15 平方米的老旧房子里，每天都要挤一个半小时的公交车，才能从家里赶到公司；家里总是停水，一停就是几天，生活非常不方便；房东是一个不太好相处的中年女人，每次收房租的时候，都会为难她们……

面对这样困窘的生活，她的同学难免有抱怨的时候，抱怨自己为什么会吃这么多苦，抱怨房东为什么这么尖酸。可每当这时，李菲都会笑着说："虽然我们现在的生活苦一些，但是我相信我们的前途是光明的。只要我们努力，就一定会离开这里，找到更好的地方！因为美好的生活，在不远处等着我们呢！"

由于李菲是新人，又是刚毕业的大学生，公司的一些具有较老资格的同事习惯指使她干这干那，不是让她跑腿买东西，就是帮忙做一些不属于她工作范围的事情。但是李菲没有什么抱怨，而是微笑着对自己说："我是新人，当然需要多锻炼、多做些工作，如此一来，才能学到更多的东西，才能提高自身能力。"

为什么年龄不大的李菲内心这么强大，总能看到生活中的阳光，乐观地面对所有的事情？实际上，这和李菲的父母分不开，因为他们总是乐观开朗，每天都笑呵呵的。

在李菲小时候，她的家庭环境并没有特别优越，父母不过是做小生意的个体户。当时，父母经营着一个水果摊，每天早出晚归，承受着风吹日晒。下雨的时候，父母只能临时搭个防雨棚。他们每天都非常辛苦地工作，可是脸上从来没有愁眉苦脸，也没有抱怨过什么。尤其是面对女儿的时候，爸爸妈妈总是面带笑容，告诉女儿多微笑，这样才能变得更加美丽和幸运。

年幼的李菲时常不解地问："爸爸妈妈，你们每天都这么辛苦，为什么不哭呢？为什么还笑得这么开心？"

每当这个时候，爸爸妈妈总是回答她说："笑着是一天，哭着也是一天，我们为什么不微笑，让自己开心呢？再说，生活很美好！虽然我们很辛苦，可是你看我们还有自己的生意，每天能赚不少钱。苦日子终有一天会结束，爸爸妈妈不会始终卖水果的。将来，我们会有自己的店面、自己的大超市！"

虽然当时李菲年纪小，不懂得爸爸妈妈说的道理，但也觉得爸爸妈妈的笑容非常迷人。这个笑容和爸爸妈妈乐观积极的态度融入她的思想和心灵，让她为一个乐观向上的人。

没有一个孩子天生是乐观主义者或是悲观主义者，他们的性格和思想都是后天养成的，并且深受父母的影响。通常，一个积极乐观的孩子，他的父母常常也是乐观向上的人，家庭生活充满欢笑和朝气。在这样的环境中长大，这个孩子必定是一个内心强大的人，能够坚强地面对挫折和困难，对生活和未来也充满信心。

反之，一个长期具有消极悲观情绪的孩子，往往生活在比较压抑的家庭环境中，父母大多也是悲观消极的人。而在这样的环境影响下，这个孩子必定无法积极地面对人生，未来也无法微笑地生活。

作为父母，也许我们无法给予孩子特别优渥的生活，但必须要给孩子强大的内心，传递积极向上的情绪和思想。

1. 做快乐开朗的父母，给孩子营造一个乐观向上的家庭氛围

有快乐开朗的父母，才会有乐观积极的孩子。作为父母，我们想要孩子积极向上，微笑着面对生活，首先就应该给孩子营造一个乐观向上的家庭氛围。

比如，某天你们全家到郊外爬山，偏偏遇到了下雨。这时候，父母千万不要说："我们怎么这么倒霉，偏偏出来玩的时候遇到了下雨，真是太扫兴了！"这不仅无法改变下雨的事实，反而让一家人的情绪受到影响，甚至让孩子习惯了抱怨。

如果父母高兴地说："呀！下雨了！还好不算大！我们从来没有在雨中爬过山，这也是不错的经历啊！现在，我们就来领略雨中爬山的惬意和舒心吧！"这样的话，不仅会给全家人一个好的情绪，还会让孩子学会换一个角度看问题，不管遇到什么环境，都能保持乐观的心态。

2. 不让孩子的眼睛只盯着不幸和困难

两个人从窗口往外看，一个人看到的是泥土，另一个人看到的却是满天的繁星。于是，看到泥土的人感到万分痛苦，而看到繁星的人快乐无比，对生活充满希望。

遇到不幸和困难，确实让人们不知所措，甚至想要放弃和退却。大人也是如此，更何况是年幼的孩子？这时父母应该明确地告诉孩子，用乐观的眼光看问题，用勇敢的心解决问题，而不是只盯着不幸和苦难。当孩子的思维和心态都发生了改变，他们的人生也就截然不同了。

父母还应该让孩子明白，生活是美好的，快乐的事情是普遍的。即便有不好的事情发生，那也是暂时的，只要我们积极努力向上，未来就会变得更加美好。

你是怎样的人，孩子的人生和世界就是什么样子。做一个乐观开朗的父母，如此才能养育出积极向上的孩子！

父母迷恋手机，孩子也会成为"手机控"

现在，迷恋手机已经成为孩子们面对的一个亟待解决的问题，不管是学龄前儿童、小学生还是中学生，人人都成了"低头族"，甚至有些孩子已经离不开手机了。

正在上学前班的琪琪就是其中的一员。别看她刚刚五岁半，却已经非常迷恋手机了。只要一回到家，就拿过爸爸或是妈妈的手机，不是在那里玩游戏，就是看动画片。最近，她则迷上了"抖音"，什么C喱C喱、海草舞等火爆的歌曲，没有她不拿手的。

刚开始的时候，爸爸妈妈觉得孩子玩一会儿手机没什么，能让她安静下来，何乐而不为呢？可慢慢地，他们发现，孩子只要一回到家，手机就成了她的全部。如果她正在玩游戏，妈妈叫她吃饭，她是非常不情愿的；妈妈想要用手机打电话，她则不高兴地说："你快点儿打，我的游戏才玩了一半呢！"然后，等到妈妈刚挂了电话，她就会立即从妈妈手上抢了过来；一旦爸爸妈妈不允许她玩手机，琪琪就会哭个不停，还会对爸爸妈妈又打又踢的。

有一次，琪琪想要用爸爸的手机看动画片，爸爸觉得不能再纵容孩子了，就把手机藏了起来。见此，琪琪便发起脾气，又哭又闹地喊道："坏爸爸！你就是一个坏人！"

爸爸见她如此不听话，就把她关进了洗手间，想让她反省反省。这不仅没有让琪琪冷静下来，反而让她耍起了倔脾气。等到爸爸来开门的时候，她死活也不出来，还把自己反锁在洗手间了。她大声地喊道："你不让我玩手机，我就不出去！哼！你们也别想上厕所！"这让爸爸哭笑不得。

还有一次，琪琪为了玩手机，竟然趁妈妈不注意的时候，把手机放进自己的书包，带到了幼儿园。

小小的孩子，怎么就成为地道的"手机控"了呢？其实，问题的关键还在父母身上。现在，很多年轻人都是"手机控"，无时无刻都离不开手机，不管是吃饭、上班、聚会、坐地铁、上厕所，手机不离手。甚至是陪孩子玩耍的时候，父母们也是心不在焉，时不时地刷一刷朋友圈，或是看看抖音、快手等小视频。

低头看手机，几乎占据了年轻人所有的碎片化时间。据一家网站统计，68%的人醒来第一件事情就是看手机，64%的人睡觉前还在看手机；67.32%的人不管是在上班、坐车、聚会的时候，都会时不时拿出手机来看一看。

当然，琪琪的爸爸妈妈也不例外。他们是众多"低头族"中的一员，尤其是琪琪的爸爸，一回到家就坐在沙发上看手机，吃饭的时候也是一边吃一边盯着小视频。每次琪琪和他说话的时候，他都不愿意抬起头来，只是"嗯嗯啊啊"地应承着。

正是因为如此，琪琪从小就受到很大的影响。当爸爸妈妈想要借助手机让她安静一会儿的时候，这个孩子也喜欢上了手机，并且成了小小的"手机控"。

可悲的是，琪琪这样的孩子并不在少数，"幼儿低头族"已经成为家长和社会不得不关注的问题。与以前相比，孩子的童年已经失去了嬉戏、玩闹、阅读和探索的时间，更多的是被手机占据了。

心理学家肯纳斯·乔恩把"幼儿低头族"叫作"活在气泡里的世代"。他认为，手机和其他多媒体工具就像是气泡一样，把孩子完全包裹起来，让他们将所有的注意力都集中在这一小小屏幕上。而迷恋手机的孩子不但会影响视力，还会因为减少了与人沟通的机会，不善于社交，胆子变得更小，甚至更加叛逆和偏执。

然而，孩子出生的时候，根本不知道手机是什么，更不知道怎么玩手机，就是因为父母总是在一旁玩，所以好奇的孩子才对手机感兴趣，想要知道吸引父母的东西到底是什么。然后，他们就会学着父母的样子，在那里划划按按，之后逐渐地被里面的新奇游戏和有趣的视频所吸引，像父母一样越来越离不开手机。

因此，想要孩子少玩手机，不变成小小的"手机控"，父母就应该从自己做起，回到家之后把手机放在一边，好好地陪伴孩子游戏和玩耍，好好地和孩子交流。而不是把手机当成哄孩子的玩具，一旦父母运用手机来哄娃，以后想要让孩子戒掉手机瘾，就会难上加难。

自己虚伪，就别指望孩子正直

著名教育家陶行知曾经说过："千教万教教人求真，千学万学学做真人。"意思是说，想要让孩子成才，父母就应该教育孩子做真正的人。可在现实生活中，有些孩子小小年纪却沾染上了不好的习惯，习惯了表面一套背后一套、说谎骗人，甚至从不愿向别人展现真实的自己。

事实上，每个孩子的本性都是善良、正直的，之所以变得冷漠自私、虚伪做作，首先是父母的问题，是他们所受教育的问题。只要我们稍微细心观察一下，就会发现：

孩子小的时候，看到别的孩子哭，他们也会莫名其妙地哭起来。这是因为孩子天生具有同情心、同理心，能够对别人的感情有所感知；

孩子小的时候，看到强壮的孩子欺负小朋友，他们就会勇敢地站出来，把这样的坏行为告诉给老师。这是因为孩子有正义感，知道帮助弱小的小朋友，知道不能以小欺大；

孩子小的时候，他们习惯了有一说一，谁对他好，他就说谁好，谁对他不好，他就说谁不好，从来不懂得虚伪应承。

如果父母能够在孩子还小的时候，就给予他们正确的教育，把正直的观点传递给他们，那么他们善良正直的天性就会一直持续下去，成为一个正直、善良、勇敢的人。然而，如果在日常生活中，父母是一个虚伪的人，习惯了撒谎、两面三刀，甚至坑蒙拐骗，孩子天性中美好的一面就会被泯灭，染上不好的习惯。

这个时候，父母即便再怎么教孩子正直、诚心，孩子也不可能走上正确的道路。这是因为，在父母的身上，虚伪已经成为一个最大的标志。

楚楚今年上初三了，爸爸妈妈非常关心她的学习，希望她能够考上重点高中，将来考上重点大学。为了让孩子能够安心读书，爸爸特意在学校附近找了房子，避免她上学路上的辛苦；还给她找了一个不错的培训班，老师一对一进行教学。

每当上培训班的时候，楚楚都高兴地出门，说要好好地向老师请教问题。爸爸问她有什么收获的时候，她也是认真地说："这个老师讲得不错，对我有很大的帮助。比如……我有信心，中考肯定能取得好成绩！"

可是没过几天，培训班老师就给爸爸来了电话，说楚楚非常排斥上课，课上总是不认真听讲，提问她时也总是心不在焉。楚楚甚至还理直气壮地和老师说："老师，你不就是为了赚钱吗？我每天来上课，你就有钱赚了。所以，你根本不用太认真，这样一来，我们岂不是都轻松了！"

听了老师的话，楚楚爸爸不由勃然大怒，质问楚楚说："你这孩子怎么还学会两面三刀了？我给你报补习班，不是为了你好吗？你竟然还敢骗我，甚至想要联合老师来戏弄我！说，你这是和谁学的！"

谁知楚楚只是冷淡地说："我当然是和你学的了！其实，我根本不想上什么补习班，也不想上什么重点中学。不过既然你想要我这样做，那么我就假装配合你了！"

爸爸气愤地说："你小小的孩子怎么这么虚伪……"

话还没说完，楚楚就抢过话来，说："你说我虚伪，怎么不看看你自己！我都知道你的底细了！你表面上努力工作，讨好上司，可背地里时常说上司的坏话，说他没有能力，只会颐指气使；还背着妈妈藏私房钱，甚至还拿这些私房钱在外面养情人。别以为我不知道，你和别的女人在外面约会，我已经撞见好几次了！你这么虚伪的人，根本就不配做我的爸爸……"

楚楚越说越激动，最后大声吼道："你说我虚伪，说我说假话，这一切难道不都是你造成的吗？我恨你，恨自己有这种坏榜样的父亲！"

父母虚伪、道貌岸然，不管怎样，都不可能教出一个正直、诚心、善良的孩子。楚楚的话虽然有些过分，但句句揭露了这个家庭教育失败的关键——父亲虚伪、两面三刀、背后说人是非、婚外恋……这样的父亲，怎能让孩子健康地成长呢？

我们可以确定，不管他怎么爱孩子，都不可能成为一个成功的家长。因为他的行为让孩子很没有安全感，并且越来越对父亲失望。当楚楚对父亲的失望累积到一定程度后，就会产生强烈的逆反情绪。

虽然表面上她顺从父亲的安排，上补习班、好好学习，可背地里却故意和父亲作对，越是父亲让她做的事情，她就越不愿意去做，甚至还会在心里说："你都这么差劲了，凭什么来教训我！"她还学着父亲的样子，变得越来越虚伪，品行越来越不端，以此来报复。

可以说，父母自己虚伪，就别指望孩子正直。因为孩子的耳朵是录音机，眼睛是摄像机，他们会将父母的所有言行都看得清清楚楚，自觉或不自觉地模仿着父母的样子。

所以，为了孩子，父母还是撕掉那层虚伪，给孩子做一个正直的表率吧！这样的教育，才更具有说服力，让孩子真正领悟做人的道理，并且学会做一个正直的人。

把"牺牲"挂在嘴边，难道让孩子负重前行？

很多父母为了激励孩子，时常把自己对孩子的"牺牲"挂在嘴边。"我为了照顾你，牺牲了升职的机会，你以后可要好好爱妈妈啊！""我当初为了生你，胖了十几斤，还在肚子上割了一刀，你可要听话啊！""你一定要好好学习，为了你我们省吃俭用"……

虽然父母是真正爱孩子的，说这些话并不是为了让孩子"报恩"，可实际上，这无疑会增加孩子的心理压力和负罪感，觉得自己从出生开始就亏欠父母。而当父母无意识或是有意识地强调自己的"牺牲"时，已经无形地给孩子进行了一定的情感绑架。这些"牺牲"也都成为一种武器或是谈判的砝码，让孩子按照自己的意愿来行动，达成自己的愿望。

结果，孩子不得不背负起父母的希望，承担起父母的责任，然后在成长的道路上负重前行，最后压得自己都喘不过气来。

苗苗是一个乖巧的孩子，她知道父母每天都早出晚归，用辛苦卖菜的钱供自己上学，所以她一直都在努力学习，争取每次考试都能获得好的成绩。在生活中，她也非常体谅父母，尽量帮父母多干些家务活。

可每当这个时候，父母就苦口婆心地说："宝贝，我们不用你帮我们干活，只要你好好学习就可以了！你要知道，我们的希望都寄托在你身上了，你可要考上好的大学啊！""你的任务就是好好学习，这样一来，才能对得起我们今天的辛苦和付出！"

苗苗把父母的话记在了心上，并发誓一定不辜负父母的付出和希望。在学习上，她比任何同学都努力刻苦，每天认真听课，积极完成作业，晚上做各种作业、练习，不到 11 点都不睡觉。经过几年的努力，她终于考上了重点中学，并且赢得了学校的奖学金。

可随着父母的期盼越来越高，苗苗的压力也变得越来越大。尤其是上了中学以后，学科越来越多，作业越来越繁重，再加上人外有人天外有天，苗苗即便再努力，学习也有成绩不理想的时候。这时候，父母就会抱怨："我们这么辛苦地工作，不舍得吃好的、穿好的，都是为了你的学习，你怎么就拿不出好的成绩来呢？""你这么不努力，对得起我们的付出吗？"

听了父母的付出和牺牲，苗苗的负罪感越来越重，她认为只有自己坚持努力学习，才不会辜负父母的期望。可越是这样，苗苗的心理压力就越大，学习效果也就越不理想。最后，在多重压力的打击下，苗苗的身体状态和精神状态都出现了问题，甚至还患上了抑郁症。

正是苗苗父母的殷切希望，让孩子失去了十几岁时应有的活泼和快乐，背负着沉重的压力；也正是父母每天把自己的"牺牲"挂在嘴边，才让孩子产生沉重的罪恶感，几乎压垮了她这柔弱的肩膀，摧毁了她幼小的心灵。

所有的父母都为自己的孩子做出过这样那样的牺牲，也心甘情愿地为孩子做出牺牲。然而，一旦这种"牺牲"成为我们教育孩子的武器，并且时常把它挂在嘴边，那么在孩子看来，除了压力之外，就没有其他的了。

时间久了，孩子还可能越来越怀疑自己，越来越自卑。更严重的是，这种沉重的压力和强烈的负罪感，会压得孩子喘不过气来，使他们产生很多负面情绪和潜在的不安感，甚至对未来的人生产生不良的心理阴影。

父母爱孩子，肯为孩子"牺牲"，可哪一个父母没有牺牲过，没有为孩子改变过。无辣不欢的重口味妈妈，在哺乳期硬是没有吃一口辣椒，养成了清淡的饮食习惯；爱美、爱化妆的美女，有了孩子之后便每天素颜，从不化妆；为了让孩子过上好日子，贫穷的父母宁愿自己吃苦受罪……

与其说这是为孩子"牺牲"，不如说是父母对孩子的爱。一旦父母把这些"牺牲"记在心里，并且时常对孩子提起，孩子就会觉得是自己让父母不快乐，是自己害了父母，他们就会背负着心灵重担。

就像前段时间伊能静说的一样，"为什么要为孩子牺牲？他没有要你牺牲什么。他要你快乐，当你说为他牺牲的时候，也许你没想过，他因此背负了你的伟大。而这种让孩子内疚、负重前行的话语，不自觉地种在孩子内心，变成我那么爱妈妈，却害了妈妈，我不要生下来就好了，我宁可你不要牺牲什么，你快乐地生活吧。"

难道这就父母们想要看到的吗？

所以，不要再把自己的"牺牲"挂在嘴边，不要再说"我为你付出了这么多，你怎么还是不听话？""我牺牲了自己，你要是再不好好学习，我就失望了！"这样，孩子才能真正感受到父母的爱，并且幸福、轻松地在人生的道路上前行。

第 3 章

不抓敏感期教育，等于埋没孩子的潜力

　　所谓敏感期，就是孩子某一行为或是某一种能力发展的最佳时期。也就是说，在这一段时期内，孩子对形成这些行为和能力的环境影响特别敏感。只要我们抓好了敏感期教育，就能够挖掘孩子的潜力，让孩子更好地成长。

　　作为父母，我们千万不要忽视孩子的敏感期教育，否则过了这段时期，只能是后悔莫及了！

忽视模仿敏感期，难以纠正坏毛病

孩子是天生的模仿者，从出生之后，他们便会有意识或无意识地模仿大人说话的声音和表情，以及一些小动作。比如，你对着几个月大的孩子说话，他们也会"咿咿呀呀"地模仿；你对着几个月的孩子做鬼脸、哈哈大笑，他也会学着你的样子做鬼脸、哈哈大笑，并且还兴奋地手舞足蹈。

等到孩子大一些的时候，他们会学小狗"汪汪"的叫声，模仿大人和别人摇手说"再见"，甚至学着妈妈的样子来亲吻爸爸，学着小青蛙的样子一蹦一跳的。

到了3—5岁的时候，由于语言和思维能力得到一定的发展，肢体动作已经变得越来越熟练，再加上孩子的好奇心越来越旺盛，他们的模仿能力和模仿行为就达到了最强的程度。

而与婴儿时期的简单模仿相比，在这段时期内，孩子不仅会模仿大人的动作和行为，更会模仿大人们和其他小朋友的行为习惯、品格修养。也就是说，孩子进入了模仿敏感期，特别容易受大人和同伴行为的影响，进而积极地模仿它们，不管这行为是好的还是坏的。

日常生活中，如果父母时常对孩子大呼小叫，一点点小事就发脾气，那么孩子就会变得非常粗鲁，脾气暴躁，而且没有一点儿礼貌；如果父母对别人冷漠，看到受伤的小动物或是乞丐，不仅不给予帮助，反而嗤之以鼻，那么他们的孩子也会成为一个毫无爱心的人。

相反，如果一个孩子的父母总是温柔地和别人说话，对任何人都礼貌和善，那么这个孩子的行为也会越来越温柔和善、彬彬有礼；如果一个孩子的父母守信用，答应孩子的要求都尽量做到，那么他们的孩子也会养成说话算数、信守承诺的好习惯。

相信很多人都看过类似的故事：

一对夫妻非常宠爱孩子，每天都给他做各种各样的美食，如鸡腿、红烧肉、鸡蛋等，一家人享受美味的晚餐。可另一方面呢？孩子的爷爷奶奶却住在破旧的房子里，这个孩子的母亲每天只给老人送几个馒头或是几碗白粥，从来没有送过肉类和蛋类。

一天中午的时候，妈妈给孩子做了他最喜欢的可乐鸡翅和红焖大虾。孩子吃得正香的时候，妈妈笑着问："宝贝，妈妈每天都给你做你喜欢的美食，等到妈妈老了，你会不会也同样给妈妈做好吃的啊？"

谁知孩子摇着头说："我才不会给你做好吃的呢，我就每天给你送一些馒头和白粥就行了！"

听了孩子的话，妈妈生气地说："你这孩子怎么这么没有良心啊！妈妈对你这么好，你怎么只给我吃馒头和白粥！"

孩子的话让这位妈妈愣了很长时间。孩子说："我是和你学的啊！你不是每天给爷爷奶奶送这些东西吗？"

孩子是热情的观察者，更是一个天生的模仿者。在这个阶段，孩子对大人的行为和品德具有很强的模仿力，很容易受到大人行为的影响。因此，父母应注意自己的一言一行，引导孩子养成良好的生活习惯和品格修养。

1. 给予孩子积极的引导和指导

2岁后的宝宝会进入模仿敏感期。在这个阶段，模仿可以给孩子带来快乐，更可以让孩子慢慢成长，学会和掌握各种动作和行为，使智能和体能都得到更好的发展。但是由于孩子能力和智力上的不足，模仿行为可能会失败，或是出现错误。比如，在模仿父母拿筷子、穿鞋子的时候，孩子可能拿不住筷子、穿错了鞋子。

这时候，我们不要急于纠正，也不要过于在意孩子的失败。只有给予孩子及时的鼓励，让他在失败之后再去尝试和模仿，他才能获得真正的成长，掌握各种生活技能。

另外，父母一定要有意识地引导和教育孩子，让孩子多模仿和练习，否则很可能影响孩子的语言、行为，以及思维能力的发展。

2. 注意自己的言行，给孩子树立好榜样

孩子每一次的成长，都是从模仿大人开始的。就如教

育家苏霍姆林斯基所说的一样："每个瞬间，你看到孩子，也就看到了自己；你教育孩子，也就是教育自己，并检验自己的人格。父母的善良，孩子们能模仿到！"

因此，想要让孩子养成良好的行为习惯和品格修养，我们就必须约束自己的言行举止，避免做出失礼、失德的行为。

3.不要让孩子模仿危险的动作和行为

很多好奇的宝宝看到大人干什么都要模仿，这时家长应该注意了，尽量避免让孩子模仿大人打打火机、用剪刀、插电源等。

身份确认敏感期，每个孩子都有一个偶像

4岁的周周最近迷上了奥特曼，每天都要看奥特曼的动画片，还学着奥特曼的动作和小朋友打架。在家里，他把爸爸的红衬衫披在身上，手里拿着一把玩具宝剑，然后在客厅中尽情地挥舞，还大声喊道："我是奥特曼，我要消灭你这个怪兽。"

而到商场的时候，看到奥特曼的玩具，周周就不想走了，非要缠着妈妈买。妈妈对他说："周周，家里已经有很多奥特曼了，不如我们买些其他玩具，好吗？你看，这个小汽车也很漂亮！那个熊大熊二，不也很好玩吗？"

可是周周却总是撅着小嘴说："哼，我才不要那些玩具呢！我就要奥特曼，因为我就是奥特曼，我们要一起打怪兽。"这样幼稚的话弄得妈妈哭笑不得，只能给孩子买下一个又一个奥特曼。

其实，这种情形表明，周周已经开始对自己的身份感到敏感了，进入了身份确认敏感期。由于平时经常看奥特曼的动画片，把奥特曼看成自己崇拜的偶像，并且希望自己就是那个偶像。所以在日常生活中，周周时常会模仿奥特曼的动作和行为，并且通过这样的行为来满足自己的内心。

在这个时期，每个孩子都会崇拜一个或是一些偶像，希望自己就是那个偶像，并且尽情地模仿某个偶像的行为。对于男孩子来说，他们更倾向于崇拜奥特曼、孙悟空、猪猪侠、喜羊羊等比较勇敢、聪明的偶像，并时常大声地喊着："我是迪迦奥特曼。""我是齐天大圣孙悟空。"而女孩子则更倾向于崇拜温柔大方、漂亮聪明的女孩角色。她们会戴上亮闪闪的王冠，说："我是白雪公主。"还会穿着漂亮的小裙子，拿着魔法棒，一边挥舞着一边说："巴拉巴拉变，我是小魔仙。"

那么，孩子们为什么会产生身份敏感呢？

这是因为当孩子到了4岁左右的时候，空间活动能力不断增强，离开父母的时间也越来越长。这个时候，孩子就面临着一个"我是谁""我如何获得安全"的问题。为了获得安全感，孩子们便开始模仿和崇拜所接触的人物，或是比较厉害的动物，比如老虎、狮子、大象之类的动物。

孩子们喜欢让自己有一个又一个身份，喜欢强大、勇敢、英雄式的偶像，讨厌那些不太积极、正面的角色，或是比较笨拙的人物。

比如在幼儿园内，老师让孩子表演情景剧《喜羊羊与灰太狼》，这让小朋友们非常兴奋和高兴。可是在挑选角色的时候，孩子们却发生了矛盾，很多孩子都挑选喜羊羊、暖羊羊，而女孩子都选择美羊羊。

当老师问道："小朋友们，谁愿意当懒羊羊、灰太狼、红太狼啊？"

所有孩子都摇着头说："我不要当懒羊羊，他实在是太笨了！""我不愿意当灰太狼，他就是一个大坏蛋！""红太狼太凶了，每天都用平底锅打灰太狼，还要吃掉喜羊羊。我讨厌它！"

由于孩子没有辨别是非的能力，他们还是会把熊大、熊二、猪猪侠等角色作为偶像，并且模仿它们的暴力行为、不文明行为。更重要的是，在这个过程中，孩子非常容易吸收某个偶像的某些特质，不断地充实自己，从而形成某种人格特征，不管这种特质是好的还是坏的。

正因如此，我们作为家长的才应该给予孩子更多的关注和引导，尽可能地满足孩子的内心需求，给予孩子足够的安全感，同时用无私的爱来帮助孩子构建一个良好的自

我认知，促使他形成良好的人格特征。

1. 允许孩子模仿自己的偶像

很多家长不了解孩子的模仿行为，更不知道什么是身份敏感，所以当孩子兴致勃勃地模仿偶像的行为并高喊"我是奥特曼"的时候，他们便不耐烦地说："你又发什么疯！不要太淘气了！"结果，孩子的身份确认便被干扰和中止了。

这对孩子的心理健康非常不利，会让孩子感觉自己不受重视，觉得自己非常弱小，从而失去安全感，慢慢地变得非常怯懦、敏感。

所以在身份确认敏感期，我们要理解孩子的行为和心理需求，给予他们足够的空间，让他们尽情地模仿自己心中的偶像。

2. 多陪陪孩子，给予孩子安全感

前面已经说过了，这个时期，孩子会给自己一个又一个身份，喜欢模仿偶像的行为，通过模仿来满足自己的心理需求，给予自己安全感。

所以，我们应该多陪伴孩子，多和孩子做亲子游戏，最好是配合孩子的模仿行为，让他们更容易获得安全感，走出自己的幻想。

3. 避免孩子模仿负面人物，利用偶像的力量养成好的习惯和品格

孩子的模仿能力强，但是没有是非观念，很容易受到不良行为的影响。比如，他把奥特曼当作偶像，模仿它与

怪兽打斗的行为，受到这一暴力行为的影响，于是喜欢与别人打架，或是欺负其他小朋友。这个时候，父母应该引导孩子学习奥特曼的勇敢、正义的品质，而不能用武力来与人打斗。

同时，我们还应该利用孩子崇拜偶像这一特点，恰当地借助偶像的力量，帮助孩子养成好的习惯和品德，纠正他们坏的习惯和品德。比如孩子撒谎了，父母就可以这样对他说："奥特曼也不会撒谎啊！"孩子挑食了，父母可以说："苏菲亚小公主可不会撒谎哦！"

空间敏感期到了，孩子开始探索这个世界

空间敏感期是孩子敏感期中最有趣的一个，从孩子几个月大一直持续到6岁。这个年纪的孩子，正是探索这个世界的时候，对于所有的东西都具有强大的好奇心和探索欲望。

尤其是2—3岁的时候，孩子的好奇心非常强，对于周围空间和事物的探索欲望更加强烈。

一天下午，静静带着自己2岁5个月的宝宝到楼下的小花园玩耍。孩子在空地处玩得非常高兴，突然间就冲着旁边的矮树丛跑了过去。

静静立即跟了上去，看见宝宝跑到树丛边上，趴在那

里看一只正在爬行的小虫子。只见这小虫子爬到了石阶上，然而一骨碌就摔到了土地上，然后躲到一丛树叶下面。宝宝看见小虫子不见了，掀开了一片片树叶，终于在一片枯黄的树叶下面找到了它。当他再一次看见小虫子的时候，宝宝的脸上露出了大大的笑容。

接着，小虫子又向草丛中爬去，而宝宝也想要跟着。可是，矮树丛挡住了他的去路，他根本没有办法过去。静静见宝宝对这小虫子这么好奇，就抱起他，迅速地向草丛走去。找到了小虫子之后，宝宝又开始跟着它继续探索这块"秘密基地"……

整个下午，宝宝都在跟踪这个虫子，玩得不亦乐乎。

除此之外，宝宝对于其他事情也具有很强的好奇心。他会费力地爬上桌子，然后再爬下来，如此反复多次，乐此不疲；他喜欢打开妈妈的手提包，把所有的东西都拿出来，就连一个小小的纸片都不放过；他喜欢捉迷藏，并且能够找到非常隐蔽的藏身之所，比如大衣柜、桌子底下、被子里面，甚至是洗衣机里面。

静静还发现，宝宝对于各种事物和声音也非常敏感，有时候会淘气地把水龙头打开，听水流"哗哗哗"的声音；有时候会把豆子弄撒一地，起劲地抓起豆子，又扔在地上，听豆子"啪啪啪"落地的声音；洗手的时候，他还会把香皂和洗手液弄出很多的泡泡，然后一边吹着泡泡，一边开心地笑着……

　　而静静也知道宝宝的空间敏感期到来了，所以并没有阻止孩子的行为。她知道孩子的行为并不是故意捣乱，而是他对这个世界充满好奇，想要发现更多的小秘密。

　　可以说，这个阶段就是孩子认识世界、探索世界的开始时期，虽然大人们觉得孩子的行为有些可笑、幼稚，可是他们却开启了一段段好奇的探索之旅，并且从中得到很大的满足和乐趣。

　　更重要的是，这也是孩子智力发展、能力发展，以及想象力发展的重要时期。如果家长们担心爬上爬下会出现危险，或是担心孩子捣乱、惹麻烦，想办法阻止孩子的行为，那么就会破坏他们能力的发展，使孩子丧失探索世界的机会，更会影响他们想象力、思维能力的发展。

　　因此，我们要给孩子足够的自由和机会，让孩子充分发挥他们的好奇心和探索欲，如此一来，孩子才能更好地提升自己的能力，甚至是激发自己的潜力。

　　1. 父母要保护孩子，但不要过分干预孩子的探索行为

　　在空间敏感期，孩子时常爬上爬下，喜欢从高处往下跳，喜欢钻到一个小地方……

　　很多妈妈就会担心孩子，生怕孩子摔倒或是碰到，于是她们看到孩子爬到桌子就会立即跑过去，把孩子抱下来，并且禁止孩子再做这样的事情。

　　然而，这些父母不知道的是，这会影响孩子各种能力的发展，还会令孩子丧失探索世界的机会。

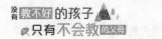
2. 引导孩子积极探索，促进孩子各种机能的发展

家长们可以利用这个时期来训练孩子的各种能力，比如孩子爬上爬下，我们可以通过走独木桥、爬软梯等一系列游戏，来提高孩子的身体协调性、手眼协调能力；孩子喜欢探索小空间，我们可以准备一些盒子、瓶子等玩具，提高孩子的专注力和动手能力。

3. 激发孩子的想象力和思维能力

家长可以和孩子玩一些有趣的关于空间探索的游戏，比如寻宝游戏、捉迷藏游戏，让孩子寻找东西，或是把自己和东西藏起来。这对于激发孩子的探索欲望，培养孩子的空间智能，是非常有利的。

家长还可以教孩子搭积木，让孩子把积木堆高，或是堆成各种形状，以便激发孩子发挥想象和其主动性。

抓住语言敏感期，从小培养孩子的表达力

飞飞是一个聪明的小孩子，很受老师和其他小朋友的欢迎。别看他只有3岁半，可语言表达能力非常强，是一个能说会道的小男孩。

飞飞的嘴非常甜，见到老师就会笑着说："老师，你今天很漂亮啊！这个裙子真好看！"遇到了自己喜欢的小朋友，他会主动与人谈话，丝毫没有同龄人的羞涩和腼腆，而且

比其他小朋友更会表达。

我们知道，3岁左右的孩子虽然具有一定的语言表达能力，可很多时候却不能清晰地说出自己的想法。尤其是情绪激动的时候，他们的词汇量、逻辑性都会受到影响，往往说不出完整、条理清晰的话。可飞飞却很少有这样的情况，他总是能够条理清晰地表达自己的想法，说清事情的来龙去脉。

一天，幼儿园老师到办公室拿水杯，可就这么短的时间，一个叫勇勇的小男孩就和飞飞闹起了矛盾。等到老师回来的时候，飞飞气呼呼地站在一旁，而勇勇则大声地哭着。老师立即上前了解情况，弯下腰问道："怎么回事？你们两人闹别扭了吗？"

勇勇率先向老师告起了状，可是因为情绪太激动，说话有些断断续续，还有些不清不楚，"他欺负我……我想要那个玩具……他和我抢……"

老师有些明白了事情的经过，但还是无法从勇勇的话中了解来龙去脉。这时候，飞飞说话了，他气呼呼地说道："勇勇说得根本不对！不是我和他抢玩具，是他和我抢玩具。刚才我拿到了那个红色的小汽车，玩得正开心，勇勇过来了，说要和我一起玩。可是玩了一会儿，他却不想玩了，还想要把汽车拿走，说是他先拿着玩的。他真是太不讲理了！"

看吧！同样年纪的孩子，飞飞和勇勇的表达能力却有很大的区别。事实上，这与飞飞父母的日常引导分不开。从飞飞牙牙学语时，他的父母就非常注重锻炼他的语言表达能力，时常和孩子说话、聊天。等到孩子大一些的时候，他们每天都会给孩子讲睡前故事，让孩子阅读绘本，看着图画和绘本讲故事。

正因如此，飞飞的语言敏感力得到训练和加强，比其他孩子更能说会道。

学习语言是一个人最基本、最重要的行为。虽然婴幼儿具有自然所赋予的语言敏感力，但是如果在孩子的语言敏感期，家长不加强孩子语言能力的培养，就很可能影响孩子学习语言的热情，并且影响日后的人际关系发展。

因此，在孩子的语言敏感期和学习期，父母应该给予孩子积极的帮助，让孩子学会开口说话，加强孩子的表达能力。

而想要孩子说得更好，就应该先让孩子多听，听妈妈说话，听父母讲故事。在孩子1岁之前，妈妈要多和孩子聊天，说说宝宝有趣的事情，说说爸爸妈妈如何喜欢他、如何爱他。之后，父母要多让孩子听父母讲故事、念儿歌。尤其是儿歌，朗朗上口，容易记忆，多学习的话，对于孩子学说话是非常有价值的。

等孩子到了3岁左右，语言能力就有了一定的发展，可以清晰地表达自己的想法。比如，"我饿了，想要吃饭！""我想要到公园去玩！"这时候，父母要让孩子的词汇量变得更加丰富起来，语言表达更清晰、完整起来。

看物说话、看图说话就是不错的选择。在教育孩子的过程中，家长要多教孩子说完整的话，或是引导孩子说特定的词语，然后慢慢地教孩子看着某一事物或是某一绘本讲出自己的故事。最开始，家长要让孩子尽情说，不要管什么逻辑、语法之类的问题。等到孩子可以把完整的故事讲出来之后，家长再慢慢地教孩子语言、逻辑。

总之，六岁之前，是孩子语言发展的敏感期，之后这种敏感就会慢慢消失。如果错过了这段语言学习的黄金时期，孩子对语言的吸收就会大大降低，到时后悔就已经晚了。所以，家长应该给孩子营造一个良好的语言环境，提高孩子的表达能力，让孩子可以轻松自如地表达自我、表现自我。

忽视人际关系敏感期，孩子社交很乏力

一些儿童教育专家指出，从宝宝刚刚出生到吃第一口母乳开始，他的社交行为就开始了。面对家人的逗弄，他们给予积极地回应，或是咯咯地笑，或是手舞足蹈；面对家人的说话，他们也会"咿咿呀呀"地回应。等到他们会转身或是爬行之后，如果父母召唤，孩子就会努力地朝着父母的方向前行。

当然，这一阶段到3岁之前，宝宝的社交圈主要集中在父母和家人。有些时候，孩子还会接触到公园里的同龄小朋友、爸爸妈妈的熟人朋友、家里的亲戚等。

而从3岁起，孩子就开始进入了人际关系敏感期，更愿意和同龄的孩子进行社交活动，想要结交一两个比较亲密的好朋友。

3岁的宝宝悠悠，非常愿意去幼儿园和小公园，和其他小朋友一起玩耍。每次妈妈送她去幼儿园的时候，她都非常高兴，而放学的时候她却不愿意回家，总是央求着妈妈再玩一会儿。

悠悠更喜欢和糖糖一起玩，还说糖糖是她最好的朋友，什么好吃的零食、心爱的玩具都会和这个小朋友分享。而其他小朋友想要找她玩，或是和她要零食的时候，她总是"冷酷"地拒绝。一次，由于悠悠的拒绝，一个小男生还伤心地哭了起来。可不管老师怎么劝说，悠悠就是不愿意和他玩，这让老师感到好气又好笑！

可以说，人际关系是儿童成长和发展过程中一个非常重要、特殊的需求。在人际关系敏感期，孩子的社交能力得到很好的发展，他们会建立自己的小圈子，学会彼此友爱、谦让，并且和同伴养成相同的兴趣爱好。这个敏感期的发展，对于孩子成人之后的社交能力和社交关系的发展，具有非常重要的作用。

一旦父母忽视了孩子人际关系敏感期，并且没有正确、合理的引导，就会让孩子的社交活动出现问题，不懂得如何与别人相处，甚至连一个朋友都交不到。

玲玲这个小丫头性格非常内向，在幼儿园已经生活了大半年，可还是不敢大声和老师说话，不敢回答问题。在班里，她不善于和别人交往，连一个要好的朋友都没有。虽然老师总是鼓励她和小朋友们打成一片，可是一和别人玩，她就扭扭捏捏的，说话的声音小得像蚊子一样。

小朋友们做游戏的时候，玲玲几乎很少参加，大多数时间都是一个人站在角落里。要说她对于游戏没有兴趣，其实并不是如此。因为每当这个时候，她都会羡慕地看着别人，想要参加却又唯唯诺诺。

玲玲的这种行为已经是明显的社交能力障碍了，而这与玲玲父母和爷爷奶奶的教育有很大的关系。玲玲父母的工作非常忙，于是从玲玲几个月起，照顾和教育孩子的重任就落在了两位老人的身上。

老人本来就是从农村来的，人生地不熟，很少带孩子到外面走动，也不带孩子到公园、游乐场等游玩。再加上爸爸妈妈整天都没有多少时间和孩子相处，玲玲几乎没有和人说话交流的机会，不是一个人坐在那里玩游戏，就是看动画片。

等到玲玲2岁多的时候，爸爸妈妈才发现孩子非常害羞，不敢与别人说话。家里来了客人，妈妈让玲玲和客人打招呼，她一个劲儿地往妈妈身后躲，就是低着头不说话。

在人际关系的敏感期，每个孩子都渴望与人沟通，尤其是渴望与同龄的小朋友说话、游戏。因此，在这个关键时期，父母千万不要忽视孩子交往能力的培养和锻炼，要不断地引导孩子与别人交往。尤其是那些性格内向、比较爱害羞的孩子，如果父母不能及时给予引导，孩子社交就会很乏力，还会影响未来的人际关系。

父母应该多带孩子和同龄的小朋友一起玩耍，多邀请邻居、朋友、同事、亲友家的孩子来家里做客，这样一来，孩子见的人不再局限于父母、爷爷奶奶，他们就不会再认生，就会逐渐提高与人交往的兴趣和勇气。

同时，我们知道，小孩子都愿意和同伴分享零食和玩具，我喜欢你，愿意和你玩，就会把零食和玩具分享给你；如果我不喜欢你，不愿意和你玩，那就不愿意把自己的东西分享给你。事实上，这也是孩子建立人际关系的重要方式和手段。因为他们发现，只要自己把东西分享给小朋友，他们就会喜欢自己，愿意和自己玩。

所以在日常生活中，家长要引导孩子学会和小朋友分享，多和小朋友做朋友，而不能太自私、霸道。对于孩子交换礼物的行为，我们也不必在意"吃亏"或是"占便宜"。因为你一旦阻止了孩子，并且时常提醒他"不要太吃亏"，孩子就无法敞开心扉去与他人交际，从而失去结交朋友的机会。

当然，不管是大人还是孩子，交朋友的重要因素就是彼此有相同的爱好和兴趣，能够相互理解和相互友爱。做到了这一点，孩子和朋友之间的关系，才能达到真正的和谐，才会产生真情。这就需要父母教会孩子真心对待朋友，多关心和理解朋友。

总之，人际关系敏感期对于每一个孩子都是至关重要的。当孩子进入这一时期，父母应该多让孩子与人交往，并且教会孩子怎么和人友好相处，如此才能让孩子有一个更美好的未来和人生。

孩子任性、乱发脾气，那是到了秩序敏感期

很多妈妈发现，原本很乖巧的孩子变得越来越任性、固执，有时还无理取闹。一旦父母不答应他的要求，他就开始不依不饶，甚至是乱发脾气。

这不，朋友家 4 岁的女儿菲菲就变得有些无理取闹了。出门的时候，一定要自己开门，否则就要闹情绪；吃饭的时候，必须坐橙色的凳子，否则就不吃饭；外面下雨了，可是她非要到公园中玩滑梯；妈妈每天下班后，她都帮妈妈拿拖鞋，哪一天妈妈自己穿上了，她就非要坚持让妈妈换回鞋子，再帮妈妈穿一次……

这样的事情真是数不胜数，简直让朋友头疼不已。有一次，菲菲的任性差点儿让爸爸把她抓起来打一顿。

平时朋友都是给菲菲做好了早餐，让孩子在家吃完饭之后再送她去幼儿园。可是这天，朋友因为有急事必须早早到公司处理，就没有送菲菲上幼儿园，而是把这个任务交给了菲菲爸爸。

朋友叫醒了菲菲，对她说："宝贝，今天妈妈有事情要早点儿出发，让爸爸送你去幼儿园，好吗？"

菲菲痛快地答应了。于是，朋友就匆忙地离开了家。

爸爸准备好之后，对菲菲说："宝贝，爸爸还要上班，所以今天不能在家吃早饭了。我们去幼儿园吃早饭，好吗？"

听了这话，菲菲立即就变了脸色，不满地说："不要！我要在家里吃饭！"

爸爸耐心地说："今天妈妈并没有做早饭，我们吃什么呢？再说，现在已经快8点了，再不出发的话，爸爸就迟到了！"

可是菲菲依旧不同意，小嘴一扁，眼泪就要下来了，说："我就要在家里吃早饭！"

这时候，爸爸已经着急了，说道："幼儿园的早饭很好吃的，你看其他小朋友不都在是那里吃吗？菲菲乖，听话好吗？"

菲菲可不听爸爸的劝告，委屈得大声哭起来："我就要在家里吃，否则我就不上学了！"不管爸爸怎么说，菲菲就是软硬不吃、油盐不进。

孩子的任性让菲菲爸爸非常恼火，他生气地说："你这孩子怎么这么任性！如果你再闹，我就打你了！"说完，菲菲爸爸不由分说地就送孩子上学了。而菲菲呢？她则是哭了一路，闹了一路。

相信很多父母遇到这样的孩子，都会感到火气上升，但又无可奈何。事实上，这一阶段的孩子，无理取闹和乱发脾气是正常的，这说明孩子已经到了秩序敏感期。

所谓秩序敏感期，是孩子成长过程中一个非常重要的心理成长期。进入这一敏感期，孩子对于秩序非常敏感，对于事情的发生顺序、物品的摆放位置、平时所做的事情，以及事物的所有权，都有着非常苛刻的要求。

一旦这种秩序被打破了，孩子的内心就会感到强烈的不安、焦虑。而因为孩子不善于表达，无法说出自己的感受，所以时常用哭闹、发脾气、无理取闹来发泄。

菲菲非要自己开门，非要坐橙色的凳子，非要在家里吃饭，就是因为她已经形成这样的习惯和规律，并且建立了自己的秩序。一旦父母没有让她按照这个规律来做事，那么她整个人就不好了，情绪就会出现很大的波动，甚至开始发脾气。

蒙特梭利说过："秩序敏感期从孩子出生开始，并且一直持续到 6 岁左右，在孩子的九大敏感期中，秩序感是第一位的，它影响着孩子一生的行为和习惯。"所以，身为父母，我们要懂得尊重和关注孩子的秩序感，千万不要把孩子的行为当成无理取闹，否则将对孩子造成很大的伤害。

1. 尊重孩子的秩序感，接纳孩子的固执

蒙特梭利曾经说："秩序对于儿童来说，是生命的需要，当它得到满足时就产生真正的快乐，是一种对外界的适应。"

虽然孩子年纪小，可是却具有天生的秩序感，并且认为秩序是不可更改的，所以作为父母，我们要尊重孩子内心的秩序，不要试图改变他。比如，孩子喜欢坐右边，喜欢挨着爸爸坐，那么就让他坚持下去。否则，孩子就会感到不舒服，缺乏安全感。

2. 引导孩子井然有序地生活，培养孩子好的习惯

既然孩子有天生的秩序感，并且很难改变这种秩序，家长就应该好好地利用这一点，引导孩子养成良好的生活习惯。

比如，父母从小就给孩子提供整洁、规则的生活环境，那么他们就会建立这样的内心秩序感，习惯了整洁、规则的生活。一旦生活环境变得乱糟糟的，他们就会感到不舒服，想要改变它。

再如，孩子第一次吃饭的时候，就被要求先洗手、坐端正，不能随便摇晃；从小就被要求早睡早起，坚持睡前洗脚；从小就被要求把自己的玩具整理好；从小就被要求讲礼貌，不能说脏话……那么，这种天生的秩序感就会让孩子养成良好的生活习惯，并且长久地坚持下去。

3. 尊重孩子对于物品所有权的执着

很多父母害怕孩子养成自私、没有友爱的坏习惯，所以会让孩子分享自己的食物、玩具。可这很容易破坏孩子的秩序感，让孩子产生不满。因为在秩序敏感期，孩子具有很强的物权意识，这个东西是自己的就是自己的，不能随便和别人分享。一旦遭到父母的强迫，他们就会不安，甚至对父母产生不信任感。

这就是所谓的环境影响人，环境造就人。孩子一旦进入秩序敏感期，就会变得任性、固执，但家长一定不要把这当成无理取闹。我们只有尊重孩子，积极正确地引导孩子，才能让孩子养成良好的行为和习惯。

忽视性别敏感期，孩子性别易错位

绝大部分孩子在 3 岁左右时就有了性别意识，知道"我和妈妈一样是女生，爸爸是男生"，知道女生应该穿裙子、梳小辫子，知道女生不能进入男生厕所。

到了 4 岁左右，孩子对于自己的性别则有了更深入的理解和认识。在这个阶段，女孩子开始爱美，喜欢穿漂亮的裙子，想要抹妈妈的"香香"；而男孩子呢，他们也喜欢在外形上关注自己，不过却是展现自己阳刚、帅气的一面。

相对于女孩喜欢布娃娃，他们更喜欢机器人、玩具枪，喜欢超人、蜘蛛侠等超级英雄。这一点也会体现在话语上，比较喜欢对妈妈说"我会保护你"之类的话。

不管是女孩还是男孩的表现，都是孩子在这个年纪性别发展的重要体现，更是孩子进入性别敏感期的表现。这个时候，家长应该对不同性别的孩子进行区别教育，帮助孩子确定自己的性别特点，教会他们学会自我保护。

比如，不要给男孩子穿裙子、梳小辫；不要给女孩子做过多的男性打扮，要教会女孩温柔；爸爸不要和女孩一起换衣服、洗澡、去洗手间；不给女孩子穿哥哥留下的衣服，并且留太短的头发；教孩子正确地认识性器官，教会女孩保护好自己的"小屁屁"，不要让男孩总是玩弄自己的"小鸡鸡"。

一旦父母忽视了孩子的性别敏感期，没有给予孩子正确的教育和引导，或是做出错误的行为，孩子就很容易造成性别错乱。

牛牛是一个5岁的小男孩，长得非常文静、秀气，平时也非常听话。但是所有人都发现了一个问题，那就是牛牛一点儿都不像小男生，反而像极了小女生。平时他不像其他男孩一样到处疯跑，更不愿意和男孩一起做游戏，可是却愿意和小女生玩在一起。

其他男孩想要和他一起踢球，他却皱着眉头说："我不喜欢踢球，这太无聊了！"而别的小女生在一起叠纸、玩布娃娃，他反而就凑到一旁，小声地说："我想和你们一起玩，可以吗？"

同时，牛牛也非常娇气，时不时就哭鼻子。被同学绊倒了，别的孩子拍拍身上的土，毫不在乎地就爬了起来，可是他却委屈地哭了起来；和其他小朋友发生争执，老师刚要了解一下情况，他的眼泪就下来了。

当然，牛牛之所以这样，和他妈妈的教育分不开。在怀牛牛的时候，妈妈非常喜欢女孩，并且以为他是一个女孩子，所以给他买了很多漂亮的小裙子。虽然后来知道了他是男孩子，可是这些衣服却不能直接扔掉，于是妈妈就把他打扮成女孩子的样子。直到3岁的时候，牛牛依旧穿着小时候的裙子。

虽然牛牛年纪小，并不懂得男女的差别，但是这就好像是种子一样，埋藏在他的内心之中，给他懵懂的心产生了不小的影响。再加上爸爸妈妈对牛牛非常宠爱，总是时刻守护着他，不让他做运动量大的活动，不让他爬上爬下。所以，牛牛直到5岁了，说话还娇声娇气的，没有一点儿小男子汉的气概。

可以说，孩子的性别错乱完全是父母造成的。虽然牛牛知道自己是男孩子，但是却没有清晰的性别特征，导致从行为到心理上都具有明显的女孩特征。

要知道，敏感期是孩子成长过程中至关重要的时期。一旦父母给予孩子错误的引导，那么就将给孩子带来无法

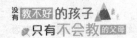

弥补的伤害。所以，千万不要觉得孩子小就忽视了孩子性别意识的建立，甚至觉得把男孩当女孩养并没有什么大不了的。

那么，孩子进入性别敏感期，父母应该怎么引导呢？

1. 明确地告诉孩子"你是男孩/女孩"，并且给孩子灌输性别引导

孩子两岁左右就已经有了性别意识，这时候父母要明确地告诉孩子"你是女生，妈妈也是女生，而爸爸则是男生"，并且告诉孩子男生和女生是不同的。

比如，男孩子有"小鸡鸡"，女孩子没有"小鸡鸡"；男孩子要穿裤子，女孩子要穿裙子；男孩子要勇敢，跌倒了不能哭，女孩子要温柔，不能太淘气；男孩子喜欢小汽车、手枪，而女孩子喜欢布娃娃……

随着父母的慢慢引导和教育，孩子就有了清晰的性别意识，并且知道什么应该做、什么不应该做。

2. 教孩子认识自己的身体，给予孩子一定的性教育

当孩子有了性别意识，就是对自己的身体和别人的身体产生好奇心，尤其是男孩子，会被自己的"小鸡鸡"吸引，想要用手去摸。这时候，父母不要大声制止或是打骂孩子，更不要羞于教育孩子。

只有我们告诉孩子"小鸡鸡"到底是什么，是用来做什么的，并且积极地引导孩子，那么孩子就会停止这样的行为，并且建立正确的性别观。

3. 营造良好的家庭环境

想让孩子健康地成长，更好地度过敏感期，我们还应该给孩子营造良好的家庭环境，不能让孩子生活在一个过于男性化或者过于女性化的环境。

对于男孩子来说，爸爸要多给予孩子陪伴和引导，增加孩子的男子勇气和胆量。妈妈也应该避免溺爱孩子，多多锻炼孩子，给男孩子讲一些英雄故事。而对于女孩子，妈妈要多陪伴，多让她们和女孩子一起玩耍，多和孩子谈心。

第 4 章

过度管控，
早早扼杀了孩子的自主力

中国父母总是挥舞着"为孩子好""经验之谈"的大棒，为孩子铺好一条"成功"的道路。可这些行为也意味着他们剥夺了孩子的自由和自主选择的权利。

一旦父母的关心和爱护变成过度地管制、控制孩子，那么就会把孩子变成一个没有思想和生活能力的巨婴，使其彻底失去自主力、独立性。

一定要孩子听话，那他岂不是机器人？

我们从小最常听到的一句话就是："小孩子要听大人的话。"于是，在我们的脑海中，早已经形成这样的观念：听话才是评价一个孩子是好是坏的标准；孩子最令人不满意的时候就是不听话的时候。

在这样教育观念的影响下，我们也把"听话"当成教育孩子的最重要标准。

小成是一个 10 岁的男孩，平时聪明机灵，可就是有一些淘气，总是不能乖乖地服从妈妈的管教。

有一次，周五晚上十点半了，他还在沙发上看电视。妈妈走过来说："小成，赶紧去睡觉！"

小成显然有些不情愿，便立即央求妈妈说："明天是周六，您就让我再看一会儿吧！再说，还有十几分钟，这个节目就结束了。"

可是妈妈的话却不容反驳，她生气地说："赶紧去睡觉！你现在怎么这么不听话！好孩子就要听妈妈的话，而且你已经是大孩子了，听到父母的要求，就必须立即去做！"

妈妈的话让小成有些不满，他生气地说："为什么我非要听大人的话？难道我就不能有自由吗？"说完，小成就气呼呼地回了自己的房间。

这时，小成妈妈只能无奈地说："现在这孩子怎么这么不听话！"

其实，很多家长都有小成妈妈这样的烦恼，觉得自己的孩子不听话，并且想尽办法，甚至使用高压手段使孩子成为一个听话的孩子。

在教育孩子的时候，我们通常会和自己的孩子说："听话的孩子才是乖宝宝，妈妈就喜欢乖宝宝！""宝贝听话，妈妈给你买最喜欢的大汽车！""你这孩怎么又不听话？如果你再这样，我就不喜欢你了！"

甚至有些时候，我们还时常为了孩子的听话而洋洋得意，不时地向别人炫耀说："你看我家孩子多听话，从来就不会和大人犟嘴！""我家宝贝可乖巧了，是最听话的孩子！"

然而，"听话"真的是衡量孩子好坏的标准吗？我们真的非要教育出一个听话的孩子吗？

对于这些问题的答案，我们完全可以从生活中的实例找到。还记得那个控告父母的留学生吗？这个孩子曾经是四川省的理科状元，以优异的成绩考上北京大学最好专业之一的生物专业，之后又成为人人羡慕的美国著名大学的研究生。

可也是这个孩子，在过去12年内从来没有回家过春节，不愿意和父母打电话，和父母决裂，甚至写下万字书来控诉自己的父母。他说自己性格上存在很大的缺陷，比如内向、敏感、自卑，不善于交际，而这完全和父母对于自己的教育分不开。从小到大，父母喜欢按照自己的喜好来要求他，并且要求他必须听话，否则迎接他的只能是指责、说教和唠叨。

这个留学生举了几个很小的事例：小学一二年级的时候，班里举行了一次文艺演出，班主任要求所有学生都必须穿齐膝短裤。可是，这位母亲却不由分说地让他穿长裤，即便孩子提出拿短裤备用，这个母亲都坚决不同意。

高中前，孩子的朋友都是经过父母"精心挑选"的，所有的朋友都是父母认识的、了解过的，或是听说过的。父母要求孩子必须听话，按照他们的标准来交朋友，绝不能结交其他人。

结果，父母一定要让孩子听话的结果是：这个留学生不仅从小就有性格缺陷，自卑、没有主见、不善于交际，甚至还有了糟糕的人生——工作屡屡碰壁，心理出现严重的问题。

显然，这位留学生的父母在教育孩子方面存在很大的误区。他们认为孩子听话就是好事，目标是把孩子培养成自己心目中"很听话的乖孩子"——在实际生活中，这恐怕也是无数父母的目标。

然而，从某种意义上说，听话的孩子不仅无法成为家长们内心期盼的"好孩子"，反而可能成为一个"问题儿童"。

事实上，只要我们稍微观察就可以发现，那些"听话"的孩子往往性格内向、怯懦，没有主见。这些孩子很少有自己的想法和意见，即便内心有自己的想法，也很难大胆地表现出来。这样的孩子确实听话，家长一个指令，他们就一个动作，从来不会违背家长的意愿，更不会和家长犟嘴、对着干。可是，这样听话的孩子，岂不是失去了个性、自主意识，成为没有思想的机器人？

作为父母，我们应该明白一个道理，那就是不管孩子有多大，他们都有自己的思想和主张，都有自己的尊严和个性。一旦父母在教育中总是表现出说一不二的样子，强迫孩子听自己的话，那么孩子的自尊心就会受到严重伤害，独立和自主意识就会受到压制，以至于影响孩子健全的心理、人格的形成。

小时候，他们会因为"听父母的话"而压抑自己的想法，避免与大人争辩；长大之后，这样的习惯和心理不仅没有消除，反而还会变得更加严重。一个习惯于听大人话的孩子，对任何人和任何事情都习惯于屈从、附和，以至于成为一个没有自信心和主见的人，甚至存在非常严重的性格和心理缺陷。

可以说，一味地要求孩子听话，要求孩子一切行动听指挥，是非常危险的，对于孩子的成长百害而无一利。因此，在教育孩子的过程中，我们不能片面地要求孩子听自己的话，而是应该多尊重孩子的独立性和自主性，多听听孩子说的话。

不管什么时候，给孩子说话的权利

绝大多数父母都有这样的想法：孩子还小，很多道理都不能弄明白，很多事情都不能考虑周全。所以交谈的时候，父母通常习惯于自己说，而不是让孩子说。孩子刚想要开口，父母就会说："你们小孩子懂什么？听我们大人的话，就一定没有错！"

接下来，这些父母会为自己的孩子发言，说出孩子的"想法"和"观点"，并且指出这些想法和观点的优点、好处。可实际上，孩子并没有得到说话的权利，这些"想法"和"观点"不过是家长强行灌输给他们的，并且强行要求他们听下去。

那么，在什么样的环境里，孩子说话的权利最容易被剥夺？就是父母带着孩子外出、会见客人，或是出席隆重场合之时。这些时候，父母往往会成为孩子的"发言人"，代替孩子做这样那样的决定。

比如，在放学的路上，妈妈带着孩子遇到了相熟的朋友。朋友客气地问孩子："佳佳，最近学习怎么样啊？是不是又得到了老师的表扬？"

孩子还没有来得及回答，妈妈却把话头抢了过来，说："哎呀，她这个孩子真是太气人了。最近学习成绩都下降了，怎么会得到老师的表扬呢？"其实，孩子想说的是："我最近学习还算可以，虽然成绩没有太大的提高，可老师还是表扬我有进步！"

再比如，在家庭聚会的场合，有亲戚想要给孩子一些零食，孩子刚想要说："谢谢你，阿姨！"父母便替孩子发言了，"他最近牙疼，不能吃零食。不过，莉莉，还是要谢谢阿姨啊！"

曾经有一位英国的女士就非常不理解中国家长的这种行为：

一次，这位女士招待几位中国朋友到家里做客，并且和孩子一起共进晚餐。

在餐桌上，女士微笑地问道："小朋友们，你们想喝什么饮料啊？"

她的话刚说完，一位妈妈就替孩子回答说："饮料不适合小孩子，还是来一杯牛奶吧！"其他几位妈妈也附和着说："没错，小孩子不能喝太多饮料，还是喝一些白水或牛奶比较好！"

这时，这位英国的女士不理解地问："我想知道孩子们的想法，你们为什么要替他们回答呢？再说，是孩子们喝东西，不是你们来喝，你们为什么要代替他做决定呢？"

一位妈妈解释说:"小孩子不懂事,所以大人要为他们说话!我们都是为了他们好!"

显然,这位女士依旧不能理解中国妈妈的做法,她再三强调说:"每个孩子都有自己的想法,都有说话的权利,你们不能剥夺他们说话的权利。"

不管这位英国女士有没有说服几位中国妈妈,可我们必须接受她的建议:那就是不管什么时候、什么场合,我们都不能剥夺孩子的话语权,更不能事事代孩子做决定。要知道,即便是 3 岁的小孩,他们也有自己的想法,也想要说出自己想说的话。

一旦父母不允许孩子说话,或是强行把自己的观点灌输给他们,那么他们的内心就会有失落感,感觉自己不受重视和尊重。而且,如果孩子想要表达的欲望长期得不到满足和关注,他们就会感觉被大人孤立了,从而失去表达的兴趣和欲望,以至于觉得说话是多余的,变成一个内向怯懦、沉默寡言、不善于交际的人。

在所有人眼中,露露就是一个性格内向、不喜欢说话的孩子。她几乎没有什么朋友,不喜欢和同学们交流,时常被同学们叫作"小孤独""自闭儿";在家里也是如此,她总是一个人安静地看书,父母和她说话就应承几声,如果父母不和她说话,她几乎一天都不说一句话。

对此,露露的父母感到非常忧心,生怕孩子得了自闭症,非常担心她将来如何工作、生活。

可实际上，露露之所以如此，都是父母的霸道和过分管教造成的。露露从小到大，父母几乎很少给她说话的机会，总是自作主张地替她说话。有时候，露露想要表达自己的想法，父母却强行打断她的话，说："你小孩子懂什么，不要胡说八道。""你就听我们的话，我们说的话没错！"别人问露露问题，她自己还没有回答，父母就抢着替她回答了。

还有些时候，露露想要和父母说自己烦恼的事情，或是在学校发生的有趣的事情，父母则嫌弃孩子话太多，不耐烦地说："你没看大人正忙着啊！你自己去一旁玩吧！"渐渐地，露露越来越不爱说话了，甚至都不愿意和同学们交流了。

可见，不给孩子说话的机会和权利，是多么可怕的行为。事实上，很多父母都像上面几位妈妈和露露父母一样，他们只想着让孩子服从自己的管教，却不懂得给孩子说话的机会和权利。就因为自己是孩子的父母，所以他们就有意无意地剥夺了孩子的话语权。

要知道，每个人都有表达自己思想的权利，都有为自己发声的权利。对于孩子来说，能够自由地说话，可以让他们满足自己的表达欲望，并且让他们变得更加善于表达，更加自信、自立、自强。

不要捂住孩子的嘴巴，给他们说话的权利和机会吧！当你不再习惯于自己说，而是让孩子说时，你会在孩子身

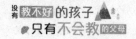
上看到更多的美好！

只要孩子不想这样做，父母就不应该强迫

看着孩子一天天长大，父母对于孩子的爱越来越浓厚，期盼也越来越殷切。绝大部分父母具有强烈的望子成龙心态，他们想让自己的孩子成为出色的人，成为赢在起跑线上的人。于是，这些父母开始培养孩子，培养孩子的艺术细胞，给孩子报美术班、钢琴班、舞蹈班；为孩子设计一个美好的未来，让他按照自己设计的未来去努力。

在绝大部分父母看来，这是他们爱孩子的表现，是为孩子好的表现。然而，事实恰好相反，父母这样的行为恰恰是对孩子极大的不尊重和伤害。要知道，父母对于孩子的教育，从某种程度上说，引导和沟通是第一主题。一旦家长们把引导变成支配和控制，把双向沟通变成单向的强制和干涉，教育就变了味。

一位年轻的母亲是一位优秀的舞蹈家，她从小就具有非常好的舞蹈天赋，再加上后天的勤学苦练，成为在全国都非常有名气的舞蹈家。

女儿出生之后，她希望自己的孩子也能够继承自己的事业，于是，在孩子刚刚蹒跚学步的时候，就开始让孩子接触舞蹈。孩子刚 4 岁的时候，她就把孩子送进了最好的舞蹈培训机构。

刚开始的时候，孩子还比较小，并没有自己的想法，只是知道妈妈喜欢自己跳舞，于是她就每天练习基本功，即便是痛了、累了，也不曾哭泣。

可是，等到孩子到了七八岁的时候，舞蹈老师逐渐发现：这孩子并没有继承母亲的舞蹈天赋，并不是一个练习舞蹈的好苗子。舞蹈老师坦诚地和这位母亲谈了，说孩子可以学习舞蹈，但只能作为兴趣爱好，却很难向着专业舞者的方向发展。

这位母亲却并不以为意，并坚定地说："这孩子从小就接触舞蹈，我相信，通过长期的勤学苦练，定能弥补天赋上的不足。"在接下来的时间内，这位母亲每天都监督孩子练舞，有时一练就是 2 个多小时。

可孩子毕竟太小了，辛苦的训练让她失去学习舞蹈的兴趣。孩子不止一次地哭着说："妈妈，我不想学习舞蹈了！而且，老师说我天赋并不高，我们还是放弃吧！"

听了孩子的话，这位母亲通常会非常生气地喊道："你这孩子怎么这么没出息！你是我的女儿，怎么会没有天赋？你一定可以成为优秀的舞者，不能给我丢脸！"有时，她也会好言好语地安慰女儿，对孩子说："你看，我是出色的舞蹈家，如果你也能成为出色的舞者，我们一起同台演出，那该多么美好、多么令人羡慕啊！而且，舞蹈可以让你更漂亮、有气质！"

就这样，在母亲的要求下，女儿又练习了几年的舞蹈。可随着时间的推移，女儿对舞蹈越来越反感，越来越懈怠、漫不经心。

一天，母亲接到舞蹈老师的电话，说女儿竟然逃课了。这下这位母亲可气坏了，等到孩子回来之后，她气急败坏地问道："你今天去哪里了？小小年纪竟然学会逃课了？你今天不给我一个交代，就别想过关！"

谁知女儿却毫不在乎地说："我不想去跳舞，所以和同学一起去看电影了！"

母亲看到女儿这个态度，更是火冒三丈，"你为什么不去跳舞？我辛辛苦苦地培养你，想让你成为出色的舞者，你就这么不争气吗？"

听了母亲的话，女儿终于爆发了。她大声地喊道："你也说了，是你想要我成为一个舞者，但是这并不是我的想法！我早就说过了，不想去跳舞，没有这个天赋，可是你呢？你有听我的意见吗？"

母亲说道："我这不是为你好吗？"

"你根本不是为我好，"女儿大声喊道："你只为自己着想，从来就没有为我着想过！我告诉你，从今天起，我再也不会去跳舞了！你不要再想强迫我做任何事情！"结果，这个女儿说到做到，真的再也没有去跳过舞。而且，这个女儿开始变得叛逆起来，越是母亲让她做的事情，她就偏偏不去做；越是母亲不让她做的事情，她就非要去做。

看着从前乖巧懂事的女儿变得如此叛逆，这个母亲彻底不知道该怎么办了。

我们非常理解这个女儿的做法，因为孩子的内心受到深深的伤害，所以才会产生强烈的叛逆心，处处和母亲作对。事实上，把自己的想法强加给孩子身上，往往会事与愿违。不管多大的孩子，他们都有自己的想法，都想做自己喜欢、有兴趣的事情。

作为父母，我们可以对孩子有期盼之情，引导孩子做正确的事情，但是不能强行要求孩子按照我们的想法去做，更不能打着为孩子好的招牌，强迫他们做自己不喜欢的事情。

退一步想，即便孩子的想法是错误的，父母的想法是正确的，但是只要孩子不想这样做，父母也不能强迫他们做这做那。否则，孩子就会因为总是受到父母的管制和强迫而心态失衡，从而走向极端。

因此，我们都应该明白一个道理：你是生了孩子，也给予了孩子教育，但孩子的人生和未来并不属于你。只要孩子不想这样做，父母就不能强迫。

尊重孩子的边界，给他留有空间

一家教育机构曾经针对中小学学生做过一项调查：你最

不满意父母的哪一方面？结果，60% 的孩子都把票投给了唠叨。

很多孩子抱怨说："我妈妈整天就知道唠叨，只要我一不如她的意，她就不停地在我耳边重复着批评我的话。"

"'你要好好学习，上课要听老师的话……''快考试了，你应该好好学习了……''天气冷了，你要多穿一些衣服'……这些都是妈妈经常唠叨的话，我知道妈妈是为了我好，可是我真的受不了了，耳朵都快要长茧子了。"

"我真不知道父母为什么这么爱唠叨，难道他们不知道我已经长大了吗？那些道理我早就知道了，为什么他们就不能给我自由和空间呢？"

对于孩子来说，父母的唠叨确实太可怕了。虽然这些唠叨源于父母对孩子的关心和爱护，可是它们却也成为孩子们内心的负担，让孩子对这种关心和爱护唯恐避之不及。因为在很多孩子看来，父母的唠叨变成控制他们自由的武器，要求他们做这个做那个，叮嘱他们不要做这个不要做那个。

即便父母只是适当地关心、询问一下他们的情况，或是叮嘱他们一些事情，他们也会产生这样的看法：为什么父母不信任我呢？难道我就不能好好地照顾自己，没有能力做好自己的事情吗？

结果，不知不觉中，孩子们开始产生逆反心理，不仅对父母的唠叨产生反感，就连父母的适当关心和嘱咐也变成了他们厌烦的"唠叨"，不管对自己有没有好处，一律先否定了再说。

初中的林燕最讨厌的就是妈妈的唠叨。不管是生活中还是学习上，妈妈总是不停地嘱咐自己。"你可要努力，争取这次考试拿个好成绩！""你今天有没有不舒服啊，现在你学习任务重，可不能因为身体原因而耽误学习！""最近听说有学生早恋的情况，你可不能早早地谈恋爱啊！"……

开始的时候，林燕觉得妈妈是关心自己，所以才对妈妈言听计从。即便她觉得妈妈有些过分，也不会表现出不满。可时间长了，她就开始厌烦了，觉得妈妈根本就是拿自己当一个没长大的孩子，根本不相信自己能好好地学习和生活。就是因为这样，林燕不再愿意听妈妈说话了，不管妈妈叮嘱自己什么事情，都以"嗯嗯""知道了"等敷衍性的词语来回答。

一天，林燕都已经走出了小区门口，可是妈妈还是追了出来，对她说："你路上要小心啊！放学了就要赶紧回家！"

林燕皱了皱眉头，没好气地说："我知道了，妈。你就别再唠叨了！"

结果，放学的时候，林燕的同桌李菲约她一起去看篮球比赛，并且给自己班的主力队员加油。见李菲兴致勃勃的样子，再加上自己也好久没有放松了，林燕也就欣然前往了。

回到家之后，妈妈就走了过来，说："燕子，我不是让你早些回家吗？你怎么回来这么晚？"

林燕担心妈妈又唠叨自己，便耐心地解释说："妈妈，我今天和同桌李菲去给篮球队加油了。因为这场比赛对于我们班非常重要，所以大部分同学都前去助威了，我也不能缺席！"

谁知妈妈还是没完没了地说了起来，"燕子，班级活动确实应该参加，可是你应该有自己的想法，不能别人去做什么，你就要去做什么。再说了，篮球比赛有什么好助威的，你应该早点儿回家，好好把功课做完……"

听着妈妈的唠叨，林燕不耐烦地说："妈！我求你了！你能别唠叨了，行吗？你每天都要求我做这个做那个，我还有自由吗？"

妈妈一下子就愣住了，有些生气地说："你怎么这样说话！我不是限制你的自由活动，只是关心你，想让你好好学习，可是为什么你一点儿也不听话？"

林燕转过身去，大声地喊道："你这还不叫干涉我的自由？你就是借着关心处处管制我，如果你真的给我自由，那就不要再没完没了地唠叨了！"

对于孩子来说，父母的唠叨是对孩子的爱，可是这又何尝不是另一种形式的"牢笼"呢？我们相信，林燕妈妈是非常爱孩子的，所以才会对孩子千叮咛、万嘱咐。可是，这种用唠叨的方式表达出来的爱，却让孩子感觉失去了自由的空间，甚至失去精神方面的自由。

父母的爱，不仅仅要体现在关心和叮嘱上，更应该体现在对孩子的信任、尊重上。所以，不要不停地唠叨孩子了，尊重孩子，给他们一片精神自由的天空，这样一来，才不会扼杀了孩子的自主和自由。

1. 及时打住，不要喋喋不休

很多父母唯恐孩子做错了事情，或是受到了伤害，所以总是反反复复地唠叨个没完，一会儿让孩子注意安全，一会儿让孩子好好学习。可是随着年龄的增长，孩子独立自主的意识越来越强，如果家长在叮嘱和关心孩子的时候，没完没了地说个不停，只能让孩子产生反感。

很多时候，孩子比我们想象中的要聪明、成熟、独立，只要我们稍微点拨一下，他们就知道怎么去做了。

2. 给他们自由，不要用爱的唠叨禁锢孩子

父母总是习惯用自己的想法来教育孩子，把自己认为重要的、必要的东西，一遍遍地向孩子强调。这样的唠叨虽然源自父母的爱，可是却犹如一个可怕的牢笼，让孩子只能按照父母的想法去做事情。

所以，如果家长真的爱孩子，那么就应该停止唠叨，停止把自己的想法灌输给孩子。

不独裁，允许孩子有选择的权利

父母这个角色，对于孩子具有非常重要的影响，他们教会了孩子说话、走路、做事，也指导着孩子改正错误，引导着孩子走一条光明的道路。正是因为有了父母的引导和影响，孩子才能从牙牙学语、蹒跚学步，慢慢地成为一个独立自主、有能力、有思想的人。

然而，在这个过程中，如果父母偏离了方向，把引导变成指挥，让自己成为一位专制、独裁的父亲或是母亲，对于孩子的影响将是极其负面的，甚至是毁灭性的。

方勇今年刚刚进入初中，这个年纪的男生本来就喜欢运动，方勇也不例外。方勇喜欢上了踢足球，还参加了学校组织的足球兴趣队。

可方勇的妈妈却并不赞同他踢足球，因为她觉得孩子好不容易考上重点中学，应该把时间和精力都用在学习上。一旦孩子参加了足球队，每天就必须花费很多的时间和精力练习足球，肯定会影响学习。

为此，方勇妈妈严肃地对方勇说："儿子，你刚刚进入初一，正是打好基本的关键时期，可不能因为踢球而耽误了学习！你看看其他同学，每个人都忙着学习，你怎么能不务正业呢！"

方勇不服气地说："踢球怎么就是不务正业了！再说，我的学习并不比别人差，上次摸底考试还进入了全班前十名。"

方勇妈妈还是态度坚决地说："你现在的学习成绩是不错，可是如果你把精力放在踢球上，那就不一样了。你不能去踢球，必须听我的话！"

听了妈妈的话，方勇一下子就着急了，他生气地说："你怎么这么不讲理？难道我就不能有自己的兴趣爱好吗？难道我就必须不停歇地学习吗？"

看方勇着急了，妈妈的语气也缓和了，但是态度却还是很坚决。她说："我当然不会干涉你的兴趣爱好，也不会阻拦你参加别的活动。但是我不会同意你踢足球，这是野蛮人的游戏，而且非常消耗精力。你每天把自己搞得筋疲力尽，还有什么心思去学习啊！"

说完，方勇妈妈竟然给孩子的班主任打了电话，说方勇不适合踢足球，并且退出了足球队。这下方勇可急坏了，足足有几天不愿意搭理妈妈，而且为了表示自己的愤怒，他还故意不好好学习，上课睡觉、不听课，下课也不认真完成作业，成绩一落千丈。

方勇妈妈一定没有想到，孩子居然会故意和自己作对。因为在她的思想中，自己是家长，孩子听自己的话是没有错的。难道自己孩子的事情，自己还不能说了算吗？

实际上，方勇妈妈的想法也代表着很多独裁父母的想法。不管是生活还是影视剧中，独裁的父母都是惊人的相似：他们总是保持高高在上的姿态，在孩子面前说一不二；根本不在乎孩子，只想着让孩子按照自己的想法去做事；当孩子提出异议的时候，他们就会采取强制的手段来打压。他们最常说的一句话就是："我自己的孩子，我想怎么管就怎么管！"或是"我是你的爸爸，你必须听我的。"

作为他们的子女，受到这种教育方式的影响，性格和心理特征发展却往往不如父母所愿：性格胆小怯懦，不敢为自己做主，即便是被别人欺负了，也不敢有强烈的反抗；没有自信心，觉得自己一无是处又遭人讨厌；没有主见，习惯了跟随和附和；害怕与别人发生冲突，常常感到孤独和寂寞……

我们相信，没有一个父母希望看到自己的孩子如此！然而，一些父母专制而又独裁的做法，却迫使我们最爱的孩子成为自己最不想看到的样子。所以，身为父母，我们应该改变自己的教育方式，不要成为一个披着爱的外衣的独裁者。

随着孩子慢慢长大，我们应该学会尊重孩子的个性和尊严，给予他们民主、自由，给予他们选择权、独立性和自主性，而不是用父母的权威来命令他必须听从自己的安排和摆布。

我们应该给他们选择权，让他们做自己喜欢的事情，并且鼓励他们独立完成自己的事情，为自己的行为负责；应该尊重孩子的兴趣爱好，即便这个兴趣爱好在别人眼中是多么微不足道，只要孩子喜欢，我们就应该给予他们更多的支持。

正如纪伯伦诗中所说的："你们的孩子，其实不是你们的孩子，他们是生命对于自身渴望而诞生的孩子。他们是凭借你们而来，却非因你们而来，他们虽和你们同在，却不属于你们。你们可以给他们以爱，却不可给他们以思想，因为他们有自己的思想。"

父母们，爱孩子，就不要做独裁的父母！给孩子充分的选择权利，慢慢地引导孩子，如此一来，我们的爱才能让孩子更好地成长。

给孩子一点儿"破坏"的自由

每个孩子在成长过程中都难免出现很多破坏性行为，比如拆掉新买的小汽车，在墙上乱涂乱画，把妈妈的化妆品弄得满地都是，故意把瓶子里的水倒掉……

孩子的这些破坏行为，对于孩子的成长来说，并不完全是坏事。我们可能会发现这样的现象，越是漂亮的东西，孩子就越想要破坏；越是新奇、独特的东西，孩子就越想要拆掉。这是因为孩子具有强烈的好奇心，急切地想要知道这些漂亮、新奇的东西究竟是怎样发声、发亮和运动的。

作为父母，只要我们能够把目光放在孩子的好奇心和探索欲上，给孩子一点儿"破坏"的自由，并且正确引导孩子的这种破坏行为。如此一来，孩子的好奇心和想象力就能够得到进一步的发展，并且把这种破坏性的行为转化为想象力和创造力。

小刚生日的时候，爸爸从商场给他买了一款高档的遥控汽车，汽车非常漂亮，价格也不算便宜。小刚对这个汽车非常感兴趣，拿到手之后就在客厅中玩了起来，然后把它摆在自己房间中最显眼的地方。

一天下午，小刚妈妈给他整理房间，发现遥控汽车不见了，而小刚平时玩耍的地方有一些小零件，如螺丝、轮胎、车门等。等到小刚放学之后，妈妈郑重地把他叫到身边，问道："小刚，你爸爸前几天给你买的遥控汽车呢？"

小刚毫不在乎地说："不就在我的房间吗？"

妈妈忍着怒气说："在哪里？"

小刚带着妈妈走到房间，指着那些小零件说："看，不就是在这里吗？"

妈妈说："好好的小汽车怎么变成这个样子？还有这里就是整个小汽车的全部吗？"

小刚说："当然不是！我把汽车拆掉了，剩余的部分都在我书桌的抽屉呢……"

妈妈刚想要训斥小刚一顿，可看到小刚毫不知错的样子，不禁问道："这汽车是你爸爸刚给你买的，你不是非常喜欢嘛，为什么要把它拆掉？你今天倒是给我说说看？"

小刚知道妈妈生气了，便笑着说："妈妈，你不要生气！我知道把玩具拆了，是我的不对。可是，这个遥控汽车和我之前的玩具都不一样，它的旋转速度非常快，我想知道它究竟是怎么做到的？"

见小刚这样说，妈妈知道孩子并不是故意搞破坏，而是想要知道汽车的构造和原理。于是，她的怒火已经熄灭了，只能无奈地问道："那你知道了它究竟是怎么回事了吗？"

小刚便滔滔不绝地讲起了自己的发现，虽然这些发现并不一定正确，可证明他确实经过了思考和探索。最后，妈妈摸着小刚的头说道："你的好奇心和探索精神是值得表扬的，但是我并不赞同你随便拆玩具。如果你想要知道什么东西，可以请教爸爸和妈妈，我们一起来寻找答案。如果把东西拆坏了，岂不是非常可惜？"

小刚听了妈妈的话，认识到自己的错误。而妈妈则接着说："那我们看看还能不能把汽车组装起来，好吗？"

晚上的时候，小刚和爸爸妈妈一起拿着说明书，把小汽车组装好了。而爸爸也满足了孩子的好奇心，给他讲了齿轮、电磁感应、驱动等道理。

当然，小刚之后还会偶尔搞一些小破坏，拆掉家里的一些小东西、爸爸妈妈新买的玩具，可是从来没有做过什么过分的事情。而小刚的爸爸妈妈则积极地引导孩子，启发和保护孩子的想象力和创造力。

中学毕业那年，小刚参加了市里举办的一个青少年发明大赛，并获得了少年组的银奖。在之后的学习和生活中，小刚的思维非常活跃，创造力和想象力比一般孩子都要强。

著名的发明家爱迪生曾说过："善于创造的人，往往都具有一个奔驰的脑筋。"绝大部分孩子都是"破坏大王"，而它们的破坏行为完全出自对事物的好奇与探索。

这是因为这个时期的孩子，自我意识迅速发展，开始按照自己的思维来认识和探索世界。可是由于认知和知识方面的缺陷，他们很难弄明白小汽车为什么会跑、玩具小狗为什么会发出叫声。于是，为了探究这些事物，他们开始发挥自己的破坏力，把一件件玩具拆成七八块。

同时，由于孩子具有强烈的好奇心，所以他们对于很多事物都具有浓厚的兴趣，比如把妈妈的化妆品弄得满地都是。然而，他们这样做并不是故意和妈妈作对，更不知道这样会给妈妈添麻烦，只不过想要尝试一下玩化妆品的乐趣，或是模仿妈妈平时的动作而已。

所以，对于孩子的破坏行为，家长应该冷静一些，不应该简单地制止或是打骂，而是给孩子一点儿"破坏的自由"，保护好孩子对事物的好奇心与对世界的求知欲。同时，我们要给予孩子积极、正确的引导，激发孩子的好奇心和探索欲。

当然，很多孩子的破坏行为是蓄意的、过分的，甚至给其他人带来困扰，比如故意拉掉桌布，打碎碗盘，或是故意打碎别人家的玻璃等。这时候，家长应该给予一定的约束和引导，承担起为人父母的责任。

让孩子拥有一个属于自己的世界

从出生那一刻起，每个孩子都是一个独立的个体。他们拥有独立的人格、尊严、思维，同样也需要拥有一个属于自己的独立的、自由的世界。在这个世界，他们就是自己的国王，可以做自己喜欢的事情，有自己的秘密。当然，如果没有经过孩子本人的允许，即便是父母也不能侵犯他们的领地，不能窥探他们的秘密。

可并不是所有的父母都有这样的意识。即便孩子有了独立的房间，他们也总是肆无忌惮地进出孩子的房间，甚至有意无意地翻看孩子的东西。因为在他们看来，孩子是属于自己的，自己有权知道孩子的一切，甚至可以任意地侵犯孩子的领地、窥探孩子的隐私。

晓雯是一个 13 岁的女孩，早早就有了自己的房间。平日里，晓雯从来不让妈妈打扫自己的房间，因为她觉得这个房间就是自己的独立世界，一旦父母轻易地踏入，就侵犯了自己的领地。可晓雯的妈妈却没有当回事，觉得女儿太"矫情"了。

一个周末的下午，晓雯和同学约好了去图书馆。可刚走出电梯，她就想起自己没有拿公交卡，只能返回家里。她刚打开房门，就看见妈妈从自己的房间里出来，手里还拿着几本杂志。

想到自己曾经三令五申不许妈妈私自进自己的房间，晓雯感到非常不高兴。不过，由于着急和同学会和，她并没有说什么，而是拿了公交卡就出门了。等到晚上回到家之后，晓雯竟发现自己的抽屉好像被翻过了。

这下，晓雯可按耐不住了，她气势汹汹地找妈妈理论，"妈妈，我不是说不让你私自进我的房间吗？你为什么还趁我不在的时候偷偷地进来！"

妈妈感觉有些理亏，便闷闷地说："我哪有偷偷地进去？我就是拿几本杂志看看，你回来的时候不是看见了吗？"

晓雯见妈妈如此说话，大声喊道："你只是拿了杂志吗？为什么我发现自己的抽屉被翻过了？你这是侵犯我的隐私！"

看晓雯态度如此恶劣，妈妈也生气了，她板起脸来说："你一个孩子有什么隐私？我不是关心你嘛，担心你不用心读书。再说了，这个家都是我的，我有什么不能去的地方？你也是我的孩子，我有什么不能知道的事情？"

晓雯没有想到妈妈不仅侵犯自己的空间和隐私，还振振有词地狡辩，于是赌气地说："我再也不要理你了！你真是太不讲理了！"接下来，她赌气地把自己锁在屋内，任凭妈妈怎么敲门也不肯开门。后来，妈妈还发现晓雯竟然买了一把锁，把自己的房间锁了起来。

更令晓雯妈妈着急的是，晓雯还出现了逆反情绪，不愿意和妈妈交流，时常故意和妈妈作对。妈妈没有办法，只能求助于晓雯的班主任。

得知了事情的缘由之后，班主任对晓雯妈妈说："孩子已经长大了，他们有了独立的思想和意识，同时也渴望有自己的空间和世界。这个时候，我们应该尊重孩子，给他们一个自由的空间，如此一来，他们才能感觉到被信任、尊重和理解。一旦我们不尊重他们，随意进入他们的空间，并且侵犯他们的隐私，他们就会产生强烈的逆反心理。"

了解到这些，晓雯妈妈立即真诚地向孩子道歉，并且承诺再也不随意闯进她的房间，不会再不经允许翻看她的东西。这时晓雯才原谅了妈妈，并且重新接纳了妈妈。

不管我们是否愿意，孩子都不是任何人的附属品，他们是一个完全、独立的个体。作为一个完整的人，孩子应该拥有一个属于他们自己的世界，也应该有属于他们的隐私。我们应该尊重孩子，让他们成为自己世界的主人，避免随意侵犯他们的领地和隐私；给孩子一个自由的空间，让他们在自己的地盘上自由自在地成长。

就如同一位心理学家说的那样："作为一个完整的人，孩子也应该有属于他的隐私权，即使承认发现了他们的秘密，也不能抖落他的隐私，否则不仅会让他觉得自己没有了自尊，而且还会导致他从此失去对人的基本信任。"

即便我们没有条件给孩子独立的房间，也应该尽量给孩子相对独立的小天地，比如书桌、书柜、抽屉等，并且让孩子可以完全独立地支配自己的小天地，让他们从内心觉得自己就是它的主人。

第5章

溺爱即诅咒，
越宠溺，孩子越不争气

溺爱，就是父母喂给孩子的一味毒药。虽然父母的初衷是爱孩子、疼孩子，可这对于孩子的成长绝对是弊大于利。很多时候，父母越是宠溺，孩子就越不争气；父母越是袒护孩子，孩子就越"易碎"。

爱需要用正确的方式来打开

父母对于孩子的爱，往往是一种充盈的、无度的情感。从怀孕开始，我们就为了孩子而"牺牲"，放弃爱美的心，吃了很多并不爱吃的东西；产后拼命地吃有营养的鸡汤，不顾身材走样的危险，只为孩子能够吃好母乳……

因为爱孩子，我们付出了很多，甚至打破了很多原则、规矩。当孩子提出不合理要求的时候，我们总是义正词严地拒绝，可面对孩子委屈和哭泣的脸庞，我们往往又放弃了坚持，收回了已经说出的拒绝。

可事实上，我们如此对待孩子，已经远远地超越了正常的方式和范畴，属于溺爱了。这种不理性的爱，势必给孩子带来很多不良的影响。他知道父母会纵容自己，所以就会变得越来越肆意妄为，往往会提出很多更加不合理的请求。他知道父母不忍心拒绝自己，所以就会想尽办法来让父母妥协，包括流泪、哭闹。甚至只想着满足自己的需求，从来不考虑父母的想法和感受。

凯凯就是这样一个孩子。他是全家人的宝贝，得到了爸爸妈妈、爷爷奶奶全部的爱。全家人都围着他一个人转，并且从来没有人拒绝过他的任何要求。所以，凯凯逐渐成为一个骄纵的孩子，稍微有点儿不顺心，就大发脾气，任性胡为。

一天上午，爷爷奶奶带着凯凯去市场买菜，买了凯凯最喜欢的鸡腿。回来的路上，奶奶觉得有点儿头晕，便打算到附近的医务所检查一下。可凯凯不高兴了，他大声地说："不行，我不要去医院！我要回家看动画片！"

爷爷耐心地说："凯凯乖，奶奶身体不舒服，我们得陪奶奶去检查一下，一会儿就可以回家了。"

可凯凯还是大吵大闹，说马上要回家看动画片。这时奶奶说："要不你们先回去吧，我一个人去医务所。"谁知凯凯竟然也不同意，大声喊道："不行，奶奶还要给我做鸡腿呢！"爷爷奶奶劝了好长时间，凯凯都不同意奶奶去检查身体，最后爷爷奶奶只能跟着孩子回家，等到下午的时候才去医务所。

看了这样的事情，我们是不是觉得凯凯太不懂事了？可是，孩子的行为都是家长教育的结果，正是因为凯凯父母和爷爷奶奶毫无原则地爱孩子，从不忍心拒绝孩子，所以才造成孩子以自我为中心，缺乏爱心和孝心。

爱需要用正确的方式来打开，需要理性和原则。一旦家长失去了理性，就会造成孩子正确教育的缺失，从而使得孩子的性格和心理都存在巨大的问题。

诚然，我们都希望给孩子幸福和快乐的生活，给孩子最好的照顾和呵护，但是却不能给予孩子特殊的待遇，毫无原则地迁就他，过分地纵容他。在爱孩子的同时，我们要告诉孩子生活的道理，适时地对孩子说"不"。

如同著名的心理学家金韵蓉女士所说的："用理性的左脑来爱孩子，从而避免毫无章法的溺爱；用感性的右脑来管教孩子，让母爱自然而然地抚平负面情绪。"我们需要用正确的方法来爱孩子，用无私的爱来关心、呵护和照顾孩子，同时也要理性地去培养孩子的性格和心理。

小杰的父母同样是爱孩子的，可是他们从来不会纵容孩子，面对孩子的不合理要求，他们从来都是冷静而又温柔地拒绝。

一天，妈妈的朋友来家里拜访，妈妈为大家冲了几杯咖啡，闻到了咖啡的香味，小杰期待地说："妈妈，我也想喝咖啡，它好香啊！"

妈妈温柔地说："不行，小杰。妈妈说过，小孩子不能喝咖啡。而且，现在是晚上，喝了咖啡，你会睡不着觉的。"

小杰显然不死心，撒娇地说："求求你了，妈妈，我就喝一点儿，就一点儿。"

可是妈妈还是摇了摇头，说："不行，你要听话！乖，现在到房间玩吧！"

面对妈妈的"无情"拒绝，小杰撅着嘴往地上一坐，说："我就想喝咖啡。"

这时朋友们也出来说情，说道："既然孩子想喝，那你就让他喝一点儿吧！"

妈妈转过头来，对朋友说："不行，我们不能满足孩子的无理要求，更不能因为他哭闹就妥协了。这样的爱，其实就是对他的溺爱，对孩子的成长非常不利。"听了这话，朋友们也赞赏地点了点头。

过了一会儿，小杰情绪平复下来，妈妈给了孩子一个拥抱和亲吻，并且重新给他讲了"小孩子不能喝咖啡"的道理，而小杰也知道了妈妈的用心。

小杰的妈妈虽然很爱孩子，可是她并不溺爱孩子，而是把爱和管教分得非常清楚。就是因为她采用了正确方式来爱孩子，所以小杰和凯凯不管在性格还是行为上都有很大的区别。

爱孩子是一种本能，但理性地爱却是一种能力。所以，如果我们真正爱孩子，就要用正确的方式来打开！

无条件满足，不是真爱而是伤害

我们这一代，绝大部分孩子都是"6+1"的模式，就是爸爸妈妈、爷爷奶奶和外公外婆都围着一个孩子转。即便二胎放开了，也是几个大人照顾着一个或是两个孩子。可以说，孩子受到的关注和爱是相当多的，简直就是万千宠爱于一身。

就是因为如此，很多父母对于孩子的爱，已经远远超出正常的爱的范畴，无原则地给予孩子过多的爱。

比如，孩子从来都是衣来伸手，饭来张口；明明可以自己吃饭、穿衣服，父母却还"贴心"地为孩子服务；对于孩子的任何要求，家长都会无条件地满足。即便是要买昂贵的玩具，或是发脾气打骂父母，父母也不会说出"不"字。

当别人提出异议的时候，这些父母就会辩解："我们是爱孩子的，只是希望能够给他最好的，并且满足他们所有的愿望！"可这些父母不知道的是，这样毫无原则的爱，无条件地满足并不是真爱孩子，反而是伤害孩子的利器。

在这样的环境下成长的孩子，势必变得越来越恃宠而骄，以"我"为中心，极度自私，缺乏社会责任感和爱心，甚至会变得非常任性、骄纵、粗暴。

小李夫妻是普通工人，小李在一家汽修厂做维修工，一个月几千块钱的工资，而妻子则在超市做理货员，工资没有小李的多。

虽然两人没有什么大作为，生活平平淡淡的，但是却过得非常幸福快乐。两年后，两人生了一对可爱的双胞胎男孩，孩子的到来也给他们平淡的生活增添了很多乐趣。在日常生活中，两人对孩子非常宠爱，不管孩子有什么要求，他们都毫不犹豫地满足。他们觉得，自己的家庭条件不是很好，不能让孩子受了委屈。

孩子几岁的时候，不管多贵的玩具、零食，只要孩子张了口，他们就立即买下来。等到孩子再大一些，孩子学会了攀比、臭美，于是小李夫妻更加努力地工作，为孩子买别人穿的名牌球鞋、名牌运动服。

一转眼，孩子们都已经长大成人，并且有了可以结婚的对象。这时候，小李夫妻也变成了老李夫妻，虽然已经60多岁了，却依然努力地工作着。为了让孩子风风光光地结婚，他们拿出了自己的所有积蓄，给孩子们付了房子的首付，而自己则还租着破旧的平房。

按理说，孩子们已经成家立业了，老李夫妻应该轻松了，并且安享晚年。可是，由于他们一直无条件地满足孩子们的所有条件，并且过分地溺爱孩子，所以这两个儿子一直认为父母还应该给予他们更多，帮助他们过更好的生活。

一天，大儿子回家来找老李，当时他还非常高兴，立即忙着给孩子准备他爱吃的饭菜。可在饭桌上，大儿子却说："爸爸，我想买一辆车。现在所有的同事都开车，就我一个人坐公交，实在是太丢人了！您给我一些钱吧！其实，您也不要给太多，五六万就可以了！"

一听大儿子这话，老李就愣住了，为难地说道："我们现在哪还有钱啊？前两年刚给你们买了房子，我们是一点儿积蓄都没有了！"

父母从来都没有拒绝过自己，这下大儿子明显不高兴了，皱着眉头说道："你们怎么可能没钱呢？您和妈妈每个月将近一万元的工资，这些钱都花在哪里了？"

看着大儿子不高兴了，老李忙说："你不要着急，我想想办法，你明天再来吧！"大儿子一听这话，就高兴地走了。而老李立即和老同事借了三万元钱给大儿子，却被大儿子嫌少。

没多久，小儿子就听到了爸爸给哥哥买车的事情，于是他也兴冲冲地找老李要钱，并且说道："你给哥哥买车就必须给我买，不能偏心！"之前的钱都是借的，老李还上哪里去找钱啊。于是，老李为难地拒绝了小儿子，而且是第一次拒绝了孩子的要求。

这下小儿子可不干了，和老李夫妻大吵大闹起来，甚至说出"你不给我买车，我就不给你养老"的浑话。而大儿子呢？由于嫌弃老李给的钱少，也对他们产生了抱怨之心，从此之后不再愿意和父母来往。

最后，老李夫妻泪水忍不住地流，伤心地说："我们这么宠爱这两个孩子，从小就满足他们的所有要求，给他们最好的生活。为了他们结婚，我们还花掉了所有积蓄。现在，他们竟然这样对待我们，我们这是养了两个白眼狼啊！"

相信，任何一个父母看到这里都会感到伤心不已、愤怒不已。可回过头来想想，难道这样的局面不是老李夫妻自己造成的吗？他们认为只要做个无私的父母，无条件地爱孩子，就会让孩子来爱自己。可恰恰是他们任孩子予取予求，没有底线地付出自己的一切，所以才造成孩子们自私自利的性格，就连对父母都丧失了孝心。

无数的事实证明，无条件地爱孩子，满足孩子的一切要求，孩子就很难做到爱父母。他们会认为父母做的一切都是理所当然的，然后就会理直气壮地不断索取。一旦父母拒绝了他们，他们就会产生抱怨、怨恨心理，甚至走上极端的道路。

其实，早在几百年前，卢梭就一针见血地指出这个道理："你知道用什么办法一定可以使你的孩子成为不行的人吗？这个方法就是百依百顺。""你了解什么办法可以让你的孩子痛苦吗？那就是，让他想要什么就有什么。他得到的越多，想要的也就越多，迟早有一天，你不得不拒绝他，这种意料不到的拒绝，对他的伤害，远远大过他不曾得到过满足的伤害。"

因此，我们需要百分百地爱孩子，但是却不能百分百地满足孩子、毫无条件地满足他们的要求。我们要懂得适当地拒绝，拒绝满足他的有些要求。

再谈那个"富养"与"穷养"的问题

现在的父母，不管家庭条件好还是家庭条件一般，都提倡对孩子进行"富养"。家庭条件好的就不用说了，父母通常会给孩子提供丰厚的物质条件、最好的住宿条件、最好的教育资源、最贵的生活用品和玩具。可以说，从孩子出生那天起，就享受着"小皇帝"般的生活。

而那些条件一般的家庭，父母则宁愿自己多吃些苦、多受点儿累，也要想办法让孩子过得好一些。他们把最好的吃的、用的都留给孩子，甚至不惜一切代价也给孩子提供较好的教育。

毋庸置疑，这些父母都是爱孩子的，然而他们却理解错了爱的含义。他们认为，爱孩子就是"富养"孩子，在物质和金钱上无限度地满足孩子的欲望。可实际上，"富养"还是"穷养"并不是由家庭条件决定的，更不是由是否为孩子提供最好的物质条件来决定的。富养、穷养决定于父母的心态，也决定于父母是否能够给孩子带来心灵和精神的富足。

11 岁的丹丹生活在一个高收入家庭，爸爸是一家企业的高管，妈妈是一位著名的律师。对于自己的宝贝女儿，爸爸妈妈可是非常宠爱和重视。从小到大，丹丹就过着非常富足的生活，吃最好的东西，玩最好的玩具。

可是，丹丹的爸爸妈妈却从来不溺爱孩子，更不会因为爱孩子而失去自己的原则。虽然他们给丹丹买最好的食物，可是却从不允许孩子浪费食物，更不会给她买不健康的垃圾食品。虽然他们时常给丹丹买最好的玩具，但是却从来不买昂贵的奢侈品，而且从来不允许孩子一次性买两个玩具。一旦丹丹不爱惜玩具，故意弄坏或是随手丢弃，他们就会给予孩子一定的惩罚。

有一次，丹丹和妈妈到国外旅行，逛街的时候，丹丹看中了一个非常漂亮的娃娃。可是这个要求却被妈妈拒绝了，因为这个玩具价格不菲，是普通娃娃的 10 倍，而且之前丹丹已经买了一对可爱的水晶鞋了。

听了妈妈的拒绝，丹丹委屈地说："妈妈，我实在太喜欢这个娃娃了。它是我见过的最漂亮、最特别的娃娃，而且恐怕只有这里才能买得到。您就答应我的请求吧！"

妈妈想了一会儿，对丹丹说："我可以答应你，不过你也必须答应我的条件。"

见妈妈答应了，丹丹高兴地说："好！好！我答应您！您快点儿说条件吧！"

妈妈笑着说："因为这个娃娃太昂贵了，所以你必须支付一半的费用。至于怎么支付，你可以自己想办法。第二，你之前已经买了水晶鞋，所以之后的两个月内不许再买任何玩具！"对于妈妈这样的小气举动，丹丹没有一丁点儿的不满和懊恼，而是痛快地答应了。

或许你可能以为丹丹妈妈只是说说而已，可事实并不是如此。回国之后，丹丹妈妈就让丹丹写了借条，让她两个月内还清那一半的费用。而丹丹也想起挣钱的方法来，她为爸爸妈妈整理房间，帮助妈妈拿快递、送钥匙、整理文件……两个月后，凭借自己的努力，她终于还清了另一半娃娃的费用。

可以说，丹丹父母才是真正地富养孩子，他们竭尽所能地给孩子提供最好的生活，但是在注重物质的时候，并没有忽视孩子心灵和精神的教育、引导，让孩子的心灵得到满足。

可见，无论是富有还是贫穷，父母都应该传递给孩子一个信息，那就是我们可以给你最美好的东西，但是这并不是理所当然的。你应该提升自己，并且努力让自己值得拥有这些东西，努力争取获得这些东西。当孩子明白了这个道理，他们就不会仅仅想要享受父母给予的，而是想要提高自己的人生追求。这才是真正地对孩子的富养。

然而，令人感到惋惜的是，生活中很多条件优越的父母，时常去国外给孩子购买几千元的童装、上万元的玩具；身价上千万的父母，从孩子一出生就让孩子上贵族学校，买什么东西都不求最好但求最贵；而条件一般的父母，则为了满足孩子的虚荣心，给孩子买昂贵的苹果手机……

这些都不是真正意义的富养孩子，这样的"富养"只能让孩子对物质和金钱的欲望越来越强。一旦孩子的心灵不能获得正能量，性格和行为不能得到积极的引导，那么就很可能造成精神的匮乏和心理的失衡。

作为父母，我们想要真正"富养"孩子，就不能只是一味地满足其物质条件，而应该在提供物质条件的同

时，教他们各种自食其力的本领，提高自己的能力，以
及培养他们积极、努力、友爱等良好品格和心态。

当然，我们还应该明白一个道理，其实富养和穷养从
来都没有一个明确的分界线。想要对孩子的成长有帮助，
我们就应该避免刻意为之，同时也不要矫枉过正。家庭富
有的父母没有必要非要让孩子过所谓的苦日子，衣食住行
都降低标准；而家庭普通的父母，也没有必要苦了自己去捧
高孩子，不是买名牌就是上贵族学校。

不放手，孩子离开父母就一无是处

在这个世界上，几乎所有的爱都是为了聚合，只有一
种爱是为了分离，那就是父母对孩子的爱。孩子出生的时
候，妈妈要和孩子分离，让孩子脱离母体；孩子学会走路之
后，妈妈要和孩子分离，放开自己的手，让孩子自己前行；
孩子独立了，妈妈也要和孩子分离，让他们追求属于自己
的天地……

然而，由于父母爱孩子，所以不愿意和孩子分离，不
愿意对孩子放手。他们心甘情愿地为孩子做任何事情，事
事包办，倍加呵护，就连孩子写作业都陪在身边；他们总是
想要牵着孩子的手，很少给孩子独立做事的机会。有的父
母，直到孩子上了大学，他们也不愿意让孩子独立，宁愿

远离家乡、放弃工作，为孩子陪读、洗衣做饭。

于是，这就导致一个现象：孩子生活自理能力非常差，极度地依赖父母，甚至变得越来越无能、懦弱。这样的孩子，即使学习再好、能力再突出，始终会因为缺乏独立性而无法适应社会，成为离开父母就一无是处的人。

方锐的家境非常不错，爸爸是一家企业的高管，而妈妈则是全职太太。自从方锐出生后，妈妈就辞掉了工作，一心一意地照顾孩子。她一天的大部分时间都围着孩子转，为孩子准备食物，带孩子外出游玩，教孩子做游戏。

等到孩子上学之后，妈妈依旧没有外出找工作，她觉得如果自己上班的话，就没有办法无微不至地照顾孩子了。妈妈每天都是按时接送孩子，辅导孩子作业，而除了学习之外，她从来不让孩子做任何事情。很多时候，孩子的书包、课桌都是妈妈负责给收拾整理的。时间久了，方锐自然也就养成了养尊处优的习惯。

然而，方锐的妈妈一直没有意识到这么做的危害。她一心想要宠爱和呵护自己的儿子，却从来没有想过让孩子独立和自主，更没有想过对孩子放手。所以，到了孩子13岁的时候，他依旧是一个衣来伸手、饭来张口的"小皇帝"。

这一天，方锐回到家之后，对妈妈说："妈妈，我们小学要毕业了，学校说要举办毕业旅行。"

听了孩子的话，妈妈紧张地说："你们都是小孩子，举办什么毕业旅行啊！你们要到哪里去？去几天？可以让家长陪同吗？"

方锐说："我们要到郊区的一个度假山庄，在那里住三天。老师没有说可以让家长陪同。"

妈妈皱着眉头说："宝贝，你年纪还小，而且从来没有离开过妈妈。我不放心你一个人去，不如你就别去了？"

方锐立即反驳说："我是和同学们一起去，有什么不放心的？再说了，还有老师带队呢！"

见孩子有些不高兴了，方锐妈妈就没有再说什么。可是，她还是有些不放心，于是便向老师咨询了度假山庄的地址，偷偷地跟着孩子住了进去。

那一天，方锐和同学们到了目的地，老师让同学们将自己的物品放到宿舍里，然后自己整理好行李和生活用品。但是，方锐却只能看着同学们忙碌，自己只能站在床前不知道该干什么。因为妈妈从来没有让自己干过这些家务活，更没有教自己如何做这些家务活。看到方锐什么也不会做，同学们都笑话他是"尊贵的小少爷"，这让他感到非常羞愧。

正在这时，一阵敲门声响了起来。当他开门的时候，妈妈竟然站在门前，还笑着说："宝贝，我担心你在这里受苦，不知道怎么照顾自己，所以偷偷地过来帮助你！"说完，妈妈还对同学们说："同学们，你们可要保密啊！不要告诉老师！"

方锐见到妈妈，就好像见到救星，可一看同学们好像看怪物一样看着自己，脸立即就红了起来。他不好意思地说："妈妈，你怎么来了？老师不是说不能让家长陪同吗？再说了，我不用你帮忙，我自己能搞定！"

妈妈根本没有注意孩子的脸色，反而动手整理起生活用品来，还说："你怎么能自己做呢？你又没有做过……"

可话还没有说完，方锐就恼羞成怒地喊道："我说了，不用你帮忙！今天你必须离开这里，否则我就离家出走！"

这下，方锐妈妈彻底愣住了，只能尴尬地离开了。

为什么会有这样的结果？其实，根本原因就在于方锐妈妈太过于溺爱孩子了，不愿意对孩子放手，不懂得教孩子学会独立。然而，这种爱却伤害了孩子，让孩子失去独立自主性，更失去生活的空间。

对孩子放开手，虽然不是一件容易的事情，但却是每个父母的必修课。因为父母真正的爱，就是让孩子尽早从你的生命中分离出去，成为一个独立的、完整的个体。相反，如果父母不懂得尽早放手，孩子很难形成独立的人格。一旦和父母分开，他将一无是处，不能自主，缺乏信心，不能承担责任……

斯坦福大学新生主任、教育专家 Julie Lythcott-Haims 在《怎样养育一个成人》中提到，越来越多成绩和理论学习优异的新生，生活自理能力很差。她还说："我们给孩子传递一个信号，'嘿，孩子，没有我你什么都干不好'。

随着我们的过度帮助、过度保护、过度指导和过度关怀，我们剥夺了孩子建立自我效能的机会。而它恰好是人类心智的重要准则，远比通过父母赞美建立的自尊更重要。"

我国青少年教育专家、《好妈妈胜过好老师》的作者尹建莉老师也说："强烈的母爱不是对孩子恒久的占有，而是一场得体的退出。母爱的第一个任务是和孩子亲密，呵护孩子成长；第二个任务是和孩子分离，促进孩子独立。"

真正爱孩子，我们就应该彻底放开双手，让他们自己去尝试、去摸索，做自己的事情。如此一来，孩子才能变得越来越独立、优秀，并且在将来用自己的双手打造属于自己的未来。

袒护孩子，真的是害孩子

很多父母是自相矛盾的，当别人家的孩子犯了错之后，他们就会站出来指责孩子，"这孩子这么大了，怎么这么不懂事！""这家长是怎么教孩子的？真是太过分了！"

可是当自己的孩子惹了麻烦或是犯了错误的时候，他们却开始袒护孩子了，纵容孩子的所做作为。一旦别人批评或是指责孩子，他们就会理直气壮地说："孩子还小，不懂事儿！""你一个大人，怎么能和孩子斤斤计较呢！"

我们是不是时常遇到这样的情形：

电影院里，妈妈带着几岁的孩子看动画片，这个孩子非常调皮，一会儿摇晃自己的座位，一会儿用脚踢前面的座椅，一会儿又大声地说话……可是，这位妈妈却没有制止孩子的意思，仍"全神贯注"地盯着前面的屏幕。

当孩子又一次大力地踢前面的座椅时，前面的观众忍不住回过头来，轻声地提醒说："请您管一下孩子，不要总是踢座椅。"可这位妈妈竟然说道："小孩子就是坐不住，你就别和孩子计较了！"

这下，前面的观众可不满意了，说："我怎么和孩子计较了？看电影时，保持安静是最起码的要求。可你家孩子呢？一刻都没有停歇过，已经很影响大家了！"

这位妈妈也不甘示弱地说："孩子小，不懂事儿，你这么大的人，怎么这么斤斤计较！"

对方有些气愤地说："他影响到我们了，您作为家长也不知道管教一下，我们能不计较吗？再说了，这是公共场所，孩子犯错了，你不知道管教和让孩子认错，反而这么蛮不讲理，真是太过分了！"

说完，其他备受影响的观众也纷纷指责起这位妈妈来，"就是，小孩子不懂事，大人也不懂事吗？""这里又不是你家，怎么能让孩子胡闹呢？""你会教孩子吗？"

最后，这位妈妈气急败坏地说："你们这些大人那么凶干什么！针对小孩子，真是太没有教养了！"说完，她便气呼呼地带着孩子离开了。而在座的观众们纷纷哭笑不得地愣住了，不过这之后就可以安静地看电影了。

"孩子还小，不懂事儿！"这句话真的是绝大部分家长袒护孩子、帮孩子掩盖错误的最佳理由。但是，孩子年龄虽小，却也不能成为他逃避错误、承担责任的借口。更何况，孩子小，不懂事，难道大人也不懂事吗？孩子做错了事情，不懂得认错，难道大人就不能教孩子认错吗？

而且，很多屡犯错误的孩子已经不小了，他们足可以认识到自己行为的错误性，懂得为自己的错误承担责任的道理。

一旦父母过分地包庇孩子，不让别人指出孩子错在哪里，甚至强词夺理，那么孩子就会产生认知上的错误，无法辨明是非。甚至即便知道自己的行为是错误的，也会因为有家长"撑腰"而肆意妄为。这样一来，在父母潜移默化的影响下，孩子不仅变得越来越"熊"，还可能导致非常严重的后果。

曾经在网上看到这样一个故事，是一位网友的亲身经历。过年的时候，这位网友的远方亲戚一家前来拜年，还带着一个六七岁的小男孩。这个小男孩非常调皮好动，丝毫没有初到别人家做客的羞涩和客气，一会儿拿起书柜上的玩具，一会儿在客厅中跑来跑去。

而这家亲戚并没有怎么管教孩子，只是时不时地说一声"安静一点儿""不许太捣乱"。显然，这样的话语对于男孩是没有任何效果的。不一会儿，他就来到这位网友的书房，并且一直在那胡乱地按着琴键。

听到钢琴的声音，网友和亲戚立即赶了过来。这位亲戚并没有批评孩子胡乱弄别人的东西，反而和网友说："小孩子对什么都感兴趣，你就叫他玩一会儿吧！"这位网友不好说什么，只能任由他乱弹起来。不过为了避免孩子搞破坏，她还特意在书房门口看着他。

可她去厨房拿杯子的工夫，回来之后发现这孩子竟然把一瓶矿泉水倒在琴键上。这位网友生气地问："你在做什么？"小孩子竟然笑着说："我在帮你洗钢琴啊！"

网友立即叫来了他的父母，说孩子犯了错误，竟然把水倒在钢琴上。然而，他的父母却不以为意地说："哎呀，小孩子不懂事，你就不要计较了！再说，他也是好心啊！"

这位网友听见亲戚袒护孩子、推卸责任的话语，差点儿被气得吐血。但是碍于亲戚的情面，只能自认倒霉，之后尽量和这家亲戚少来往。结果，几个月后，这位网友从父母那听到这个"熊孩子"的"功绩"。这一次，他竟然跑去一家琴行，洗了一架价值将近20万元的佩卓夫三角钢琴，而且用的是可乐……

这下，他的父母气得把这孩子胖揍一顿，并且不得不按照原价赔偿人家琴行的损失。

人们常说，"熊孩子"犯错并不是可怕，最可怕的是祖护孩子的"熊家长"。这话说得一点儿都不错。试想，如果孩子的家长不是时常以"孩子还小，不懂事儿"的借口来祖护孩子，帮助孩子推卸责任，那么孩子怎会犯下如此大的错误？

因此，当孩子犯了错误时，父母不能因宠爱而迁就，更不能因为孩子小而祖护。只有选择正确的教育方式，让孩子知道什么是对的，什么是错的，并且让孩子勇于认错和承担责任，才能让孩子越来越优秀。

把孩子当"易碎品"，他就真成了"易碎品"

在现实生活中，宠爱孩子的父母不在少数，绝大部分的父母都会因为孩子年纪小而给予其万般的宠爱，以及无微不至的保护。有些父母对于孩子的保护简直应了那句话，"含在嘴里怕化了，捧在手里怕摔了"。

他们把孩子当成一触即化的"糖"或者一碰即碎的"玻璃"，禁止孩子做所有"危险"的事情。孩子想要自己倒水的时候，他们立即跑过去，小心翼翼地说："乖孩子，快把水放下，不要把自己烫到"；孩子在公园中和伙伴们追逐的时候，他们也会急匆匆地大声喊道："宝贝，你可不要到处乱跑，要是摔倒了就糟糕了"……

等到孩子十几岁的时候，他们仍把孩子保护在自己的保护伞之下，不放心孩子一个人伤心，不放心孩子和小朋友一起去春游……

结果，这样的孩子被父母保护得太好了，经不住任何的风雨打击。他们真的就像是易化的"糖"或者易碎的"玻璃"一样，一旦遭遇些许的挫折和困难，就会被伤得遍体鳞伤。

松松已经是一名小学生了，但是老师发现，这个孩子和其他孩子有很大的区别。简单来说，就是动手能力和自理能力非常差。

课间时间，老师让同学们把书包收拾好，课桌上留下下堂课需要的课本，然后把其他东西都放进书包里。其他同学几分钟就做好了，把书包整理得整整齐齐、干干净净，可是松松却坐在那里一动不动。老师询问之后才知道，松松妈妈从来不让孩子做这些，他根本不知道怎么做。

体育课上，体育老师让孩子学习跳绳和跑步，其他同学都高兴地运动起来。可是，松松依旧站在那里不动，当老师问他缘由的时候，他竟然给出了令老师哭笑不得的原因："老师，我妈妈告诉我不能乱跑乱跳，否则摔倒了会很疼的！"

事实确实如此，松松妈妈平时对孩子是百般呵护，简直就是"含在嘴里怕化了，捧在手里怕摔了"。松松蹒跚学步时，妈妈在一旁小心翼翼地守护着，一旦孩子摔倒了，她就立即扶起孩子，心疼地又哄又揉。之后，妈妈对于孩子的所有行动就更在意了，不让攀高，不让跑跳，更不让他自己动手做任何事情。

所以，松松都已经 7 周岁了，自理能力非常差，而且胆子也非常小。更令老师担心的时候，这孩子内心非常脆弱，具有非常严重的"蛋壳心理"。

一天，老师看到松松一个人待在楼道里，脸上还挂满泪痕。老师轻轻地走过去，语气和蔼地问道："松松，你怎么在这里站着？现在已经上课了，你为什么不回去上课呢？"

谁知见到老师来了，松松的眼泪竟然流得更多了。他一边哭一边说："老师，我想回家，想要找妈妈！"

老师耐心地问道："发生了什么事情吗？你可以和老师说说看！现在你已经是小学生了，已经长大了，不能一遇到事情就找妈妈！"

松松看了看老师，断断续续地说："有几个同学……他们欺负我……他们不愿意和我一起玩儿……"

经过了解，老师才知道事情的来龙去脉。原来这几个男生比较活泼、好动，时常在一起追追跑跑的，所以很少和松松在一起玩。课间的时候，松松见一个男生拿出了一个非常漂亮的转笔刀，就小心翼翼地说："你这个转笔刀真漂亮，能让我看看吗？"

那个男生调皮地说:"你妈妈让你玩刀子吗?难道你就不怕受伤吗?"说完,他就和几个男生一起哈哈大笑起来,然后跑到操场疯玩去了。这下,松松感到万分委屈,就躲到楼道里伤心地哭了起来。

就是因为松松妈妈把孩子保护得太好了,把孩子当成"易碎品"。结果,在成长的过程中,松松变得越来越娇贵,真的变成一个"易碎品"。他不仅性格娇气,身体娇弱,心理更是脆弱无比。

一位教育学家曾经说过:孩子的小时候,父母给孩子什么样的教育,孩子就会成为什么样的人。如果父母把孩子当成弱者,什么事情都不让他做,那么孩子就永远不会变得坚强独立;如果父母把孩子当成"易碎"的玻璃,小心翼翼地捧在手心里,那么孩子终究会脆弱不堪,很容易被摧毁掉。

作为父母,如果你真的爱孩子,那么就应该收起那份过分爱孩子的心,不要过分地保护孩子。况且,虽然孩子年纪比较小,但是他们并没有我们想象中的那么脆弱,更不是什么易碎的玻璃和易化的糖果。

该动手的时候,让孩子自己动手;该独立的时候,让孩子独立;同时在保证孩子安全的情况下,让孩子尽量大胆地尝试。那么,孩子就会拥有坚强的翅膀和内心,成长为一个勇敢、自信的孩子。

走惯了平坦路，孩子就承受不了任何挫折

在成长的过程中，每个孩子总会遭遇一些小的挫折，比如考试没考好，或是朋友间产生了矛盾，或是比赛失败了。这些小挫折本来没有什么大不了的，它们是孩子成长和学习最好的课堂，可以让孩子变得更加坚强、勇敢，并且养成不怕失败、坚忍不拔的顽强意志。

然而，现在很多父母却不忍心孩子遭受挫折，更不忍心让孩子遭遇失败。孩子遇到困难了，他们立即帮孩子解决；尽量为孩子铺平道路，为孩子排出一切障碍；给予孩子的永远是夸奖和掌声……直到孩子长大成人，还没有品尝过挫折的滋味。

可是，这些父母不知道的是，任何事情都需要靠自己的努力，如果父母一味地溺爱孩子，为他们铺平所有的道路，那么将来孩子很难自食其力。而且，没有谁的人生是一帆风顺的，难免会遇到这样那样的挫折和失败。如果孩子走惯了平坦的路，听惯了顺心的话，将来就承受不了任何挫折。一旦在将来遭遇挫折，孩子就会轻易地被彻底击垮，从此再也站不起来。

要不然，我们怎么会时常看到这样的报道：某某高中生一直都是一帆风顺的，学习非常优秀，可高考却因为某种

原因失利了。于是，无法承受失败和压力的孩子彻底被打败，从此一蹶不振，甚至产生了自杀的念头。

所以，在孩子的成长过程中，父母们应该对孩子进行挫折教育，让他们在失败和挫折中学到本领，增强勇气和抗挫能力。

小敏是一个非常优秀的孩子，学习成绩很好，每次考试的时候都是班级的前几名，而且在美术上非常有天赋，作品多次在市里的少儿绘画比赛中获得金奖。可以说，小敏就是老师和家长们口中"别人家的孩子"。不管是在生活还是学习中都表现出色，她收到了无数的鲜花和掌声。

然而，听惯了掌声和顺耳的话，做惯了顺心的事情，走惯了平坦的道路，小敏难免有些飘飘然起来，还形成了骄傲和自满的情绪。小敏的父母意识到，如果孩子始终如此顺心，没有受到过一点儿挫折教育，一旦遇到了困难和挫折，就很容易变得不习惯，导致情绪紧张、消极、低沉，甚至因为承受不住打击而自暴自弃。

想明白了这些，小敏的父母开始对孩子进行挫折教育，适当地给孩子增加一些遭遇挫折的机会。小敏的美术功底是非常不错的，可是并没有达到专业的高水准。所以，小敏妈妈帮助孩子报名参加了几次专业的绘画比赛。这几次，小敏不仅没能获得金奖，甚至连名次都没有。

开始的时候，小敏感到非常伤心和难过，有些接受不了自己的失败。可是，妈妈对她说："虽然你获得了很多次金奖，可是你要知道，你的水平和专业画家还是有很大差距的。不过，这样的失败并没有什么大不了的，只要你继续努力，一定可以更出色。"

慢慢地，小敏的抗挫能力得到了提高。为了提高自己的绘画水平，她多次参加全国性的比赛，并且时常向比自己优秀的人学习。

同时，小敏妈妈还特意带着孩子拜访了一位北京的同学，这位同学的孩子比小敏更优秀，是去年北京市的中考理科状元，已经被最出色的重点高中录取。

在做客的时候，小敏妈妈让小敏见识了那个孩子所获得的奖状以及各种比赛的证书。回到家之后，小敏就郁闷了，她对妈妈说："妈妈，我今天才知道什么是人外有人、天外有天。那个哥哥实在是太厉害了！如果我们在一个城市、一个学校，我肯定不能超越他。"

妈妈笑着说："对啊！那个孩子真的非常优秀！不过，你也不差！只要你不炫耀自己，努力地学习，肯定也能超越他的！更重要的是，你要知道，如果你没有敢于应对失败的心，那么就永远也无法真的成功。"

可以说，小敏的妈妈是非常聪明，且用心良苦的。她有意识地设置一些困难和障碍，有助于培养小敏良好的心态和承受挫折的能力。

当然，父母也应该明确这一点，对孩子进行挫折教育的时候，切不可过分地打击孩子的自信心，更不能给孩子增加太大的障碍。否则，孩子的情绪就会更加低落，失去自信心和勇气。同时，当孩子遭遇挫折的时候，父母要多鼓励孩子、肯定孩子，让孩子摆脱失望、伤心等不良情绪。

越宠溺，孩子越没有朋友

每个人都是社会的组成部分，孩子也是如此，他们有自己的圈子，需要上幼儿园、小学，参加各种社会活动。有了朋友和小伙伴的陪伴，孩子的童年才会更充满乐趣和色彩，孩子的成长才能更健康和美好。

然而，由于父母的溺爱和纵容，很多孩子却度过了没有朋友的童年。原因很简单，过分地溺爱让孩子变得任性、霸道，养成以自我为中心的毛病。他们习惯了对别人指手画脚，认为所有人都必须服从他、顺着他。于是，孩子逐渐被其他人排斥，交际圈越来越小，从而没有一个人愿意和他做朋友。

波波已经是幼儿园大班的孩子了，可是很时候，却表现得比较自私和霸道。玩玩具的时候，波波总是抢先挑选自己最喜欢的；游戏的时候，非要别人听他的指挥；做什么事情，总是要自己争当第一；如果别人不能如他的意，他就乱发脾气，甚至还会动手打人……

所以，经常有小朋友来告波波的状，也没有小朋友愿意和波波做朋友。一天，老师举办了一个小小班会，让小朋友们说说自己的好朋友。波波第一个站起来，非常得意地说："圆圆是我的好朋友，帅帅也是我的好朋友，我们经常在一起做游戏……"

谁知波波还没有说完，圆圆就站了起来，大声说道："不，我才不是波波的好朋友，我也不愿意和波波一起做游戏！他总是抢我的积木，还用水泼我！"

接着，又有几个孩子站了起来，说自己不是波波的好朋友："波波太霸道了，总是抢我的玩具！""他就是一个小皇帝，总是要我们听他的！""我不愿意和他玩……"

听了小朋友们的话，波波立即大哭起来，而老师也阻止了小朋友们的发言。其实，老师也发现了波波的这个性格特点，并且和波波的父母交谈过。原来在家里，波波父母非常宠溺孩子，所有人都围着他转。久而久之，他就变成了一个有些自私和霸道的孩子，就像是一个小皇帝一样，以自我为中心，谁都得依着他、顺着他。

到了幼儿园，他还是带着这样的心态，可其他小朋友却根本不吃他这一套。当他霸道地抢其他小朋友的玩具时，别人自然就不愿再与他玩耍和交流了。而波波却一点儿都没有意识到这一点，依旧我行我素，于是就出现了之前的尴尬局面。

其实，在幼儿的成长过程中，这是一个比较普遍的现象。孩子们因为受到父母以及家人的溺爱，所以不管在什么时候都以自我为中心，总是以自己的兴趣和需要为出发点，很少顾及别人的想法和情绪。在他们的意识里，自己就是最重要的人，我想做什么就做什么，一切东西都是自己的，"你和我抢，我就动手打你"。

这样的孩子想和别人交朋友，想要融入集体，可是却不知道怎么和别人相处，不知道怎么赢得别人的喜欢，所以受到其他人的排挤，惹人讨厌就成为必然的结果。而没有朋友的孩子则变得越来越焦躁、孤僻，甚至是心理失衡，只能通过暴力和其他方式来发泄自己内心的孤寂。

诚然，父母爱孩子，这是没有错的，更是人之常情。但是，心理学研究表明，很多孩子的绝大部分缺点，比如自私、骄傲、娇气、与小朋友不合作，基本上都是源自父母的溺爱和教育不当。我们不能给予孩子盲目的爱、过分的爱，而是应该给予孩子正确、积极的引导和指导。

1. 爱孩子的同时，不要忘了引导孩子的行为

生活中，我们要告诉孩子什么事情应该做，什么事情不应该做；什么样的行为是合理的，什么样的行为是不合理的；让孩子学会友爱、谦让，改掉孩子自私、霸道的坏毛病。

父母要给孩子立下规矩，并且让孩子严格遵守，培养孩子这样的意识：规矩就是规矩，不能随便打破，否则就会受到惩罚。

　　这样一来，孩子不管和什么人交往都会掌握分寸、友爱谦让，自然也就能受到其他孩子的欢迎。

　　2.鼓励孩子融入集体，让孩子学会正常地和他人交往

　　很多孩子不受人欢迎，就是因为他们总是非常霸道，喜欢让别人服从自己的行为，事事争先。这时候，父母应该多让孩子参加集体活动，比如商场举办的亲子活动，或是多带孩子到游乐场玩耍。等到孩子学会了和别人打交道，就会很好地融入集体互动之中，获得友谊和别人的欢迎了。

第6章

迫学才厌学，
孩子学习不好，是父母不会引导

> 逼迫孩子的家庭，就像是一片沼泽，时间长了，孩子不是想要尽早逃离，就是有窒息的危险。强迫孩子做他不喜欢的事情，不是健康家庭应该有的样子。因此，想要孩子好好学习，父母必须要避免逼迫、催促和强制，而是应该学会引导，让孩子爱上学习。

过早透支孩子的智力，违背成才的规律

现在，很多父母非常重视孩子的早教，把孩子的智力开发、语言训练以及艺术培训早早地提上了日程。诚然，早教可以刺激孩子智力、潜质的开发，让孩子更健康地成长，然而，在这个过程中，一些家长往往陷入了"功利主义"的误区。

他们带着孩子奔走于各种培训班，不仅希望开发孩子的数字思维、语言天赋，还想要尽可能开发孩子语言、绘画、舞蹈、钢琴等方面的才能。结果，父母对于孩子智力、语言等各方面的过早、过度开发，不仅没有把孩子培养成"神童""天才"，反而因为拔苗助长而害了孩子。

上海有一个男孩非常具有语言天赋，不到一岁就能够流利地说话了。男孩的爸爸是一个美国人，而妈妈则是教韩语的老师，这对父母见孩子如此具有语言天赋，便开始着力培养孩子的语言能力。

在接下来的日子里，爸爸就教孩子学习英语，妈妈则教孩子学习韩语，爷爷奶奶平时则教孩子说着地道的上海话。而在家里帮助他们带孩子的保姆，则说着自己家乡的

家乡话。

很多人或许会说，在这样得天独厚的环境下，再加上父母的训练和开发，孩子肯定能够成为一个语言天才吧！但遗憾的是，这个男孩并没有成为语言天才，甚至语言能力的发展还不如其他普通孩子。

到了 2 岁的时候，男孩还不能流利地说好一句话，听力也出现了很大问题。经过医生的检查之后，这对父母才发现自己的孩子患上了"失语症"。究其原因，就是他过早地接触多语言的训练，导致大脑思维混乱，无法用一种纯正的语言来表达自己的想法。

拔苗助长的故事每个人都知道，但是在家庭教育中，有的家长却还是想要拔苗助长，培养出一个"天才"来。结果，只能是违背了孩子的自然成长规律，过分开发了孩子的智力。

我们不能否认，这个世界上有天才的存在，某些孩子在某方面确实有特殊的天赋。但是天才和神童毕竟是少数，更何况天才和神童也并不是靠过度的训练和开发而成就的。不管是天才还是普通的孩子，我们都不能操之过急，迫切地让孩子学习更多的东西，否则，即便是再有天赋的孩子，也会被扼杀掉。

虽然它的危险可能短时间内不会出现，但终究会发作，让孩子和家长都品尝违背成长规律的苦果。

赛达斯是一个家喻户晓的天才，曾经被美国各大新闻媒体大肆宣传。赛达斯的父亲原本是哈佛大学的心理学教授，他非常重视孩子的教育，认为早期教育对于孩子是非常重要的，而孩子的大脑就和肌肉一样，如果按照计划进行训练的话，就会变得越来越发达。

赛达斯一出生，他的父亲就在婴儿床的周围贴满了英文字母，并且不断在他周围阅读字母的发音。结果，6个月大的时候，其他孩子还"咿咿呀呀"的时候，他就能认识和读全部的英文字母了。

经过这次实验，赛达斯的父亲认为自己的理论完全正确。于是，他便开始加强对孩子智力的开发和训练，让孩子接触各种几何图形、数学算法、多种外国语言，甚至是医学解剖方面的专业知识。在赛达斯的整个婴幼儿时期，他的玩具全部被各种教科书、地球仪和计算器所代替。

初期开发的结果也是令人震惊的。赛达斯真的具有非常高的天赋，2岁的时候能看懂中学课本，4岁的时候能熟知医学方面的知识，而且还发表了3篇关于解剖的论文。他的学习能力非常强，在不少领域都有独特的见解，年仅12岁就被哈佛大学破格录取，成为年纪最小的"天才"。

然而，这位小小的天才却没有继续辉煌的人生，由于过度的教育，使得赛达斯的大脑开始迟钝、混乱，神经系统开始失常。他时常思维迟钝，在不该发呆的时候发呆，在不该笑的时候傻笑，到了14岁的时候，更是不得不进入精神病院进行治疗。

庆幸的是，经过治疗之后，赛达斯恢复正常，但是他却不愿意再回到那个家，不愿意再面对父亲。他开始讨厌这种"神童"的生活，更讨厌父亲对自己的这种"恐怖"训练。很快，他选择了离家出走、更名换姓，最后成为一名非常普通的商店售货员。

一个天才最终却患上精神病，还成为一名极普通的店员，这样的结局不得不令我们反思。赛达斯无疑是一个有天赋的孩子，只要经过合理的引导和开发，那么必将成为非常出色的人才。但是，他的父亲却希望让孩子尽早成为"天才"，掌握各方面的知识，结果这种超常规的训练和开发，违背了孩子的天性，使得孩子不堪重负，落得了悲惨的下场。

我们确实应该重视早期教育，关注孩子智力的开发，但是却不能操之过急，过早地透支孩子的智力，对他进行超负荷的知识填充。只有汲取拔苗助长的教训，抛弃自己的功利心，尊重孩子的天性，孩子才能更好地成才。

谁家孩子不贪玩？寓教于乐才是本事

孩子贪玩是天性，很多孩子一提到玩就开心得不得了，一提到学习就愁眉苦脸的。这让孩子家长感到十分头疼。于是，为了防止孩子贪玩，有的家长就开始限制孩子，不允许孩子玩。

一看到孩子玩，家长便气急败坏地骂道："你就知道玩？怎么不好好地学习呢？""整天就知道不务正业，还不快写作业去！"结果，孩子贪玩的行为被遏制了，可学习成绩和效率却并没有得到提高。这是因为孩子的心并没有在学习上，甚至因为父母的督促和打骂而产生厌学的情绪。

鹏鹏是一个10岁的孩子，他活泼可爱，精力旺盛，下课后经常和同学们在操场上踢足球。周末的时候，鹏鹏的绝大部分时间也花在玩上，不是和小伙伴们约着一起去踢球，就是在家里看电视、玩游戏。

本来鹏鹏的父母也不太管教孩子，认为孩子贪玩并不是大问题，只要按时完成作业就可以了。可是最近，爸爸发现鹏鹏的学习成绩有些下降，便特意给孩子安排了一些家庭作业，希望他能好好努力，尽快把学习成绩搞上去。

这下鹏鹏不乐意了。他不满地说："爸爸，老师留的家庭作业已经够多了，您为什么还要增加我的负担呢？再说了，我已经参加了学校组织的'特会玩'，哪有那么多精力啊！"

爸爸一听鹏鹏的话，便严肃地说："参加什么'特会玩'？你不把学习成绩搞上去，就不要再想着玩了！"

鹏鹏不服气地说："学校都鼓励我们多参加课外活动，让我们多学习手工制作、踢毽子、玩球等，您为什么非要逼着我学习呢？"

爸爸生气地骂道："你就是因为不务正业，所以影响了学习成绩。现在，学习任务这么重，你还有心思参加什么'特会玩'的活动，真是太不听话了！你必须听我的话，按照我的要求来完成学习任务……"

见爸爸态度如此坚决，鹏鹏知道自己再怎么争辩也没有意义了，于是便打消了参加"特会玩"的念头。然而，虽然他每天放学之后都坐在房间内写作业，可却是身在心不在，总是想着玩的事情。结果一段时间之后，鹏鹏的成绩不仅没有得到提高，反而还出现了大幅度的下滑。

孩子贪玩，成绩上不去，家长确实心急。可事实表明，强制孩子学习，剥夺孩子玩耍的机会，往往是没有什么大的效果的。相反，因为家长的逼迫和强制，反而让孩子产生逆反心理，更会对学习失去兴趣和主动性。

父母们还应该知道，学习不仅仅是课本知识的掌握和成绩的提高，各种生活技巧的提高、思维方式的发展也是孩子的学习内容。所以，鹏鹏爸爸如果不是强迫孩子学习，而是告诉孩子"你可以参加这个'特会玩'活动，但必须保证成绩不能继续下降"。相信，鹏鹏不仅可以提高成绩，还可以学到课本之外的更多的知识和技能。

因此，对于孩子的玩，我们不应该一味地强硬干涉，而是应该抓住孩子的心理。尤其是对于那些天生贪玩的孩子，我们更不能压抑孩子贪玩的天性，而是应该做到寓教于乐，让孩子在玩中学到他应该学到的东西。

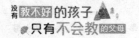

1. 不强制，不剥夺，尊重和顺应孩子的贪玩天性

某网站曾经和一家教育机构做过一次在线调查，结果显示：52.2% 的人由于小时候不能尽情地玩，上大学之后或是成人之后出现了"反弹"，开始肆无忌惮地大玩特玩。

因此，面对孩子贪玩的天性，家长们只能积极引导，尊重孩子的天性，而不是强制他们，剥夺他们玩的机会。否则，孩子的心理发展就会受到不良影响，甚至因为父母的遏制而越来越贪玩。

2. 玩也是学习的过程，家长要寓教于乐

心理学家孙瑞雪告诉我们："我们知道动物学上有一个说法，一只猴子如果在它的童年没有足够的玩耍，它长大以后就不会成为猴王。"玩是孩子认识世界、学习知识的一种重要方式，是孩子学习和思考的重要过程。

在玩的过程中，孩子不仅可以满足自己的好奇心和探索欲，还可以有机会提升自己的各项技能。比如，在与同伴玩的时候，孩子不仅通过游戏学会了表达自己、与人交际，还学到了解决问题的方法、交换意识，提高了心理承受能力、学习能力等。

3. 和孩子一起玩，让孩子在玩中学

家长也可以和孩子一起玩，通过玩游戏的方式，把相关知识和技能教给孩子。比如，有趣的智力游戏可以培养孩子的发散性思维和创造力；识字游戏可以让孩子认识更多的生字和词语；你比我猜游戏则可以让孩子知道很多成语、歇后语。

你尊重孩子的兴趣，他才会学得卖力

爱因斯坦说过："兴趣是最好的老师，真正有价值的东西，并非仅仅从责任感产生，而是从对客观事物的爱与热忱产生。"孩子学习不好，或是学得不卖力，并不是他懒惰，而是他的学习兴趣不够，不爱学习。

很多孩子往往对某一项学习不感兴趣，不愿意去学。为了让孩子能够提高成绩，家长会督促孩子多努力、多花些功夫，甚至给孩子送进他本来就没有兴趣的培训班、加强班中。可家长们却想错了，这种强迫孩子学习的做法不仅无法取得好的结果，反而让孩子更加厌恶这项学习。

在老师和同学们的眼里，苗苗是一个勤学好问的孩子，成绩一直保持在班级的前五名。虽然如此，苗苗的英语成绩却非常不尽如人意，好几次测试都不及格。如果苗苗的英语成绩能再好一些，达到 80 分之上，那么成绩不是第一名，肯定也不会跌落前三名。

为此，妈妈和苗苗沟通了好几次，可是苗苗的英语成绩还是没有什么提高。说多了，苗苗就不耐烦地说："妈妈，我最讨厌上英语课了，尤其是不喜欢那些枯燥的英语单词，你不要再逼我学习英语了，好吗？我宁愿在语文和数学上多花费一些时间，也不愿意把时间浪费在并不感兴趣的英语上。"

可妈妈知道，这样下去并不是办法，于是便没有经过苗苗的同意，给她报了一个英语加强班，并且要求苗苗必须好好学习。

可想而知，逼迫学习的结果是让苗苗看到英语书就退避三舍，之前在英语课堂上，她还能认真听讲，回答老师的问题。可现在连听讲都不愿意了，时常偷偷地在课上做数学试卷，要不然就是看课外书籍。

发现苗苗的变化，妈妈感到无可奈何，又忧心不已。她只能苦恼地说："这孩子怎么就不能努力地学习英语呢？英语是重要课程，不学又不行。我应该怎么帮助孩子呢？"

其实，苗苗妈妈想要解决这个问题并不难。苗苗之所以不喜欢学英语，不能卖力学习，就是因为她对英语没有一点儿兴趣。如果想要改变这种现状，苗苗妈妈就必须激发她对英语的兴趣，让她彻底爱上英语。否则，不管是强制还是苦口婆心，对于孩子来说，都是徒劳的。

学习的最大动力，就是孩子们的兴趣。一个孩子如果能够对他所学的东西感兴趣，他就会充分发挥自己的主观能动性。就算在这个过程中，他需要付出加倍的努力，花费更多的时间，他也会兴致勃勃地去做；即便此间遇到很大的困难和挫折，他也绝不会灰心丧气。

可是如果，一个孩子对于所学的东西不感兴趣，你如何让他付出自己的努力呢？

换句话说，如果父母们想要让孩子学得卖力，就必须让孩子对所学的东西感兴趣，让孩子学习他们感兴趣的东西。我们要尊重孩子的兴趣，遵循孩子的天性和自身条件，并且给予孩子自由选择的机会。

毕加索的做法就很值得广大家长们借鉴，虽然他是著名的绘画大师，但是并没有强迫孩子继承自己的事业，而是尊重了他们的兴趣爱好。

毕加索有一个女儿，名字叫作芭洛玛。和所有希望孩子能够继承自己事业的父母一样，毕加索对于自己的孩子也寄予了厚望，希望她能够和自己一样，成为一位出色的绘画大师。在女儿小时候，他就鼓励女儿接触绘画，让她在自己的画室中玩耍。开始的时候，芭洛玛也喜欢涂涂画画，并且尝试着开始学画画。

可是，令人没有想到的是，在她14岁的时候，她突然对绘画失去兴趣。即便父亲要求她安心画画，芭洛玛也是心不在焉，就别提什么潜心学习了。

眼看女儿离自己钟爱的绘画越来越远，毕加索心里感到非常遗憾和惋惜。但是，他并没有强迫女儿，而是告诉她："你已经长大，有了自己的兴趣爱好和思想，有了自己喜欢的事情和不喜欢的事情。虽然你是我的女儿，但是没有必要非像我一样，成为一名绘画家。既然你不喜欢绘画，那么就按照你的想法去做吧!"

父亲的话给了芭洛玛很大的鼓励,她开始寻找自己感兴趣的事情,而在这个过程中,毕加索给了女儿很多的支持和引导。等到她念中学的时候,她发现自己爱上了珠宝和服饰设计,接下来她把大部分时间都用在学习设计上,付出了比别人更多的努力,克服了各种障碍。

为了不沾父亲名气的光,她还换掉了"毕加索"这个世人皆知的姓氏。最终,经过一番努力,芭洛玛终于在自己热爱的事业上取得了令人骄傲的成绩,成为服装和珠宝设计领域非常著名的设计师。

人们常说,天才的秘密就在于强烈的兴趣和爱好,以及由此产生的无限热情。父母需要培养孩子的兴趣,更需要尊重孩子的兴趣,因为这就是他们努力的动力,就是他们学习的力量源泉。

当你督促孩子学习的时候,不妨先问问孩子:"你对这个感兴趣吗?"如果孩子给出的答案是否定的,那么就不要再逼迫孩子了。孩子对这方面的学习都不感兴趣,又怎么肯卖力地去学习呢?

对孩子的期待之心,是他进步的力量

只要是关注孩子成长的家长,就肯定听说过心理学家罗森塔尔和雅格布森进行的那次著名的心理实验。从心理学的角度上说，这个实验所证明的道理被称为"皮格马利翁效应"。简单来说就是，你越是对孩子寄予好的期待，告诉他非常具有潜质，将来有很大的成就和发展空间，那么孩子就越有自信，进步得越快，发展也会越来越好。

事实证明，这些被寄予期望的孩子，学习态度比以前更积极了，内心也比以前变得更加开朗自信。

张子航是一个淘气贪玩的孩子，课堂上时常走神、做小动作，完成作业的效率和质量也不是很好。这样的学习态度直接导致他学习成绩一塌糊涂，好几次考试都是全班倒数第一。

老师时常找张子航谈话，希望他能努力学习，把成绩搞上去。爸爸妈妈每天也是在旁边耳提面命，督促他好好听讲，认真完成作业。可这些好像对张子航根本没有什么作用，即便在当时有所改善，可没过多久又会故态复发。

面对孩子的这个学习态度，张子航的爸爸妈妈感到非常忧心，可实在不知道怎么办！一天，爸爸看到一本书上写着这样一句话：你的期待决定了孩子的未来。你是选择让孩子成为"最幸运的人"，还是"最不幸的人"，关键在于你是否对孩子充满好的期待。

看着这句话，爸爸陷入沉思。他知道自己和妻子虽然望子成龙，希望孩子好好学习，可是却从来没有对孩子抱有期待之心，更没有对孩子说出自己的期待。一旦孩子犯了错，自己不是批评就是打骂，从来没有说"我希望你做好这件事情"；孩子成绩差，自己只是督促孩子好好学习，从来没有说"我希望你认真学习""我相信你能学好"……

想到这里，张子航爸爸和妻子进行了商谈，决定改变教育孩子的方式，给予孩子足够的期待。最近一次考试中，张子航又考了倒数第一，可爸爸并没有像往常一样抱怨和打骂，而是用非常肯定的语气说："儿子，我知道你非常聪明，只要你认真学习，一定会有所进步的。"

妈妈也微笑地说："没错，我们家子航又不是笨孩子，我相信他下次考试肯定会有所进步。"

后来，在父母的不断肯定和期待下，张子航果然努力和认真了许多，学习上的进步也越来越明显，在下一年的期末考试中，竟然上升到班级成绩的中上游。

每个孩子都是有自信心和进取心的，只是在学习过程中，有的孩子失去了学习的动力，有的孩子丧失了自信心，还有的孩子因为贪玩或是懒惰而导致学习成绩不好。但不管是什么原因，如果孩子能够看到父母和老师对于自己的期望，对自己的肯定，那么他们就会努力去做得更好，用更好的成绩来回报父母和老师的期待之心。

那么，作为父母，我们该如何正确把握对孩子的期望呢？

1. 永远对孩子抱有好的期待

不管孩子的表现怎样，不管周围的人对孩子的看法如何，父母一定要对孩子抱有期待之心，告诉孩子"你是聪明的，付出努力就一定能有所成就"，"你很有潜质，将来一定会有所作为"，千万不要动辄就训斥孩子"你真笨！""你永远只能倒数第一"，否则孩子就会因为父母对自己的失望而失去努力和前进的动力。

因为与别人的看法相比，父母的期待则是对孩子影响更大的。如果孩子认为连父母都不看好自己，他就会彻底丧失信心，失去希望。

2. 合理期待，不要产生过高的期望

父母们希望自己的孩子越来越好，就很容易对孩子产生过高的期望，为孩子设计一个超出能力范围的宏伟蓝图。比如，希望孩子每次都拿到第一名，考上重点大学，获得出国留学的机会……

可一旦孩子怎么努力也不能达到父母的期望时，孩子就会觉得自己没用，从而失去继续努力的信心，甚至是对自己彻底失去信心。

一位小学生，刚开始学习成绩非常不错，每次考试都名列前茅。可是妈妈看到朋友的孩子每次都是班级的前三名，便希望自己的孩子也能次次拿到第一名。

可是次次拿第一名，哪是那么容易的事情？再说了，这个孩子也并非天生智力非凡。在总不能达到妈妈期望的情况下，这个孩子变得越来越讨厌学习，越来越自卑，成绩也是一落千丈。

因此，我们要对孩子充满期望，但是切不可仅仅按照自己的意愿对孩子建立期望，否则只能是害了孩子。

3. 不要把期待只定格在学习成绩上

对孩子抱有期待之心是不错的，但是现在很多家长只把期待定格在学习成绩上，希望孩子拿高的分数，提高排名。

可孩子的学习并不仅仅局限于分数和排名，父母对孩子的期待还应该包括学习能力、学习态度，否则不仅无法让孩子提高成绩，还可能消减孩子学习的积极性，打击孩子的自信心。

家长太看重分数，孩子怎会爱上学习？

一位老师曾经在微博上贴出自己的学生在试卷上的留言：老师，给个及格分吧，及格好过年，求您了！还有的小学生在卷首写上这样的话：希望老师能够活到（　）岁！——括号的位置就是老师判分数的位置。

这看起来让人发笑，感慨现在的孩子实在是太要宝了！可笑过之后，我们是不是也应该反省这样一个问题：这些孩子为什么会如此留言呢？其实，根源就在于现在的家长实在是太看重分数了。一旦孩子期末成绩不佳，那就真的过不好年了！

很多家长简直把分数看成衡量孩子一切的标准，一旦孩子在考试中获得了高分，家长就万分高兴，不仅给予孩子表扬和夸奖，还会到处炫耀和显摆；可一旦孩子没有取得好的成绩，家长就会立即换了一副面孔，不是训斥孩子不争气，就是批评孩子不努力，有的甚至会劈头盖脸地打骂孩子一通。

在这样的家庭教育下，孩子背负着沉重的学业负担和极大的精神压力。结果，分数不仅没有提高，反而越来越低。

真真平时学习成绩不错，表现也挺好的，可是遗憾的是，每次考试成绩却非常不理想，分数始终在及格线附近徘徊。

这是因为每次考试前，她的精神都异常紧张，生怕自己考不好，生怕分数不理想。可她越是紧张，越是如临大敌，考试的时候就越难以发挥正常水平，平时已经掌握的知识记不住了，平时能轻松解决的问题也找不到思路了。

事实上，真真之所以这样神经质，一部分是因为她容易紧张，但更大的原因是来自于父母的压力。真真的父母非常看重分数，每次考试前都在孩子耳边唠叨："你可要考个高分啊！""我们同事家的孩子都是班级的前几名，你可不要给我们丢脸啊！""这一次如果你再考不好，就不要再回家了！"一旦真真的分数低了，她的父母就会严厉地批评她，指责她不好好学习，甚至好长时间不搭理她。

所以，真真也非常在意分数，每次考试之前都紧张得无以复加，生怕自己考不好。在她看来，分数是最重要的东西了，只有自己考了高分数，父母才能爱自己，才能给予自己笑脸和温暖。

可令她伤心的是，自己越在乎就越事与愿违，越紧张成绩就越不好，就好像陷入了恶性循环一样。

分数对于孩子来说，是很重要的。这是考核他们是否学有所成的一个标准。但是分数却并不代表一切，一旦家长过多地在乎孩子的分数，就会陷入一个教育误区，把孩子培养成一个只知道学习、高分低能的考试机器。

我们应该明白，抱怨和强迫只能让孩子厌学，让孩子越来越怕考试和学习。只有积极地引导孩子，给予孩子鼓励和支持，看到孩子的进步和努力，才能让孩子改变自己，获得更好的成绩。

婷婷和真真非常相似，成绩也算不错，但是时常考试不理想。有一次期中考试，她竟然考了全班倒数第五名的成绩。

这让婷婷妈妈感到异常生气，狠狠地"教训"了一番。妈妈一边教训婷婷，一边气急败坏地骂道："你怎么这么笨啊！看看你的成绩，我简直替你丢脸！""之前复习的时候，你不是都掌握这些知识点了吗？为什么还表现得如此糟糕！"

面对妈妈的责骂，婷婷感到非常反感和害怕，甚至产生了逃学的想法。接下来的几天，不论妈妈怎么说，她都不愿意再去上学，甚至还装病逃避。

这时婷婷妈妈才意识到问题的严重性，不再太看重分数，也不再肆意地打骂孩子。后来的一次考试，婷婷表现得还是不算好，可却比之前进步了很多。当婷婷提心吊胆地把成绩单交给妈妈的时候，妈妈并没有发火，而是温和、轻松地说："婷婷，你告诉妈妈，你之前认真复习了吗？考试时有没有马虎？"

婷婷小心翼翼地看着妈妈，说道："我真的努力了，而且也认真答题了，可是还是考砸了！"

听了孩子的话，妈妈笑着说："只要你认真努力了，妈妈就不会怪你的！而且，你看，你比之前进步了很多，这是一个很好的征兆！我相信，只要你继续努力，肯定会有很大的进步。"

婷婷没有想到妈妈不仅没有责骂自己，反而给予自己肯定和鼓励，立即高兴地点了点头，说："妈妈，我一定会更努力的，争取下次考个好成绩！"

接下来的日子里，小婷明显自信和积极了很多，在期末考试的时候，竟然进入了全班前十名。

看吧，真真和婷婷是同样的情况，可是她们的家长却采取了不同的方式，结果当然也是截然相反的。很多时候，不是孩子学习不好，而是父母不会引导。想要孩子好好学习，提高成绩，父母就应该放松心态，不要太看重分数，更不要因为分数而为难孩子！

更何况，家长只看重分数，不断地给孩子施加压力，不关心孩子，不体谅孩子，孩子又怎能爱上学习？又怎能获得信心和动力，从而积极主动地努力呢？

引导孩子，而不是不停地催促

每一位父母都希望自己的孩子出类拔萃，学习成绩优秀，可是孩子学习态度不积极，总是磨磨蹭蹭的，你说该怎么办？

绝大部分父母的选择是催促、催促、再催促，催急了就开始训斥和责骂了。然而，令人感到无奈的是，催也催了，骂也骂了，可孩子就是没有任何的转变，学习的时候还是能磨蹭就磨蹭、能拖延就拖延。

陈林今年 11 岁了，刚好上小学五年级。原本他是一个懂事、活泼的孩子，虽然在学习方面不是那么刻苦，但是还算认真。白天的时候，他能够认真听讲，回到家之后按时完成作业。

可最近一段时间，陈林的父母却发现儿子变得拖延、磨蹭起来。每天晚上放学之后，他不愿意写作业，每次都是妈妈催促好几次之后，才磨磨蹭蹭地行动；在家里一旦提起学习的事情，他就开始变得不耐烦，妈妈说多了，他就会直接发脾气回房间。

一开始，陈林的父母并没有把孩子的表现放在心里，只是以为孩子这段时间有些犯懒，只要自己多催促几次就好了。可是，妈妈发现自己越是催促他，陈林就越是不愿意学习，写作业就越是磨蹭。而且，根据老师的反映，孩子在学校也是如此，不仅上课时常常心不在焉、不认真听讲，就连完成课后作业也是故意拖延时间。

于是，陈林父母不得不请教孩子的老师，经过一番沟通，陈林的父母才知道，原来孩子是产生了厌学的情绪。当这种情绪产生之后，学习对于陈林来说就变成一个痛苦的事情，不停地逃避学习，完成作业时表现得拖拖拉拉、磨磨蹭蹭。

这个时候，如果父母能够给予陈林积极地引导，或许孩子的厌学情绪就会慢慢地消失。可陈林的父母却选择了错误的方式，那就是不停地催促，这让孩子的内心更加烦躁，压力更加巨大。结果就是，父母越是催促，陈林就越是拖延、磨蹭；父母越是不停地批评、打骂，陈林就越是逃避学习，甚至用发脾气来发泄自己的不满和压力。

我们说，孩子在学习上拖延磨蹭是有很多原因的，而导致陈林产生这个毛病的根本原因就是厌学。想要让孩子改掉这个坏习惯，催促不是很好的方法，因为一味地催促和逼迫，只会让情况越来越糟糕，让孩子的厌学情绪越来越大。

作为家长，我们要了解孩子拖延背后的原因，积极地引导，真正帮助孩子解决问题，如此一来，孩子才能逐渐消除负面情绪，主动地爱上学习。

1. 催促要适当，切不可一遍遍地催促

鲁迅先生在《我们现在怎样做父亲》一文中，曾经说过一句话："孩子的世界，与成人截然不同，倘不先行理解，一味蛮做，便大碍于孩子的发达。"

可惜的是，绝大部分家长很难做到"先行理解"四个字，如果遇到孩子不爱写作业，他们最善于做的事情就是一遍遍地催促，要不然就是没完没了地唠叨。然而，孩子总是被人催促着学习，就会变得非常被动，时间久了，他们就会彻底失去积极性和主动性。而在父母的唠叨和催促中，孩子的压力越来越大，情绪越来越烦躁，如此一来，他们又怎能心情愉快地学习呢？又怎能积极努力地思考呢？

家长要知道，催促孩子的目的是为了让他自己主动学习，而不是唠叨、强迫孩子。所以，父母给予孩子适当的提醒和督促是非常必要的，但要讲究方式和方法。比如，孩子看电视的时间长了，家长就可以说："你打算什么时间去做作业？""孩子，把作业完成再看电视，是不是更好呢？"而不是说："赶紧去写作业！再不去写作业，我就揍你了！""你怎么还在看电视，和你说几遍了，快去写作业！"

2. 不允许孩子讨价还价

帮助孩子养成积极主动学习的良好习惯，并不在于每

天的催促，关键是要有积极有效的引导。给孩子制定纪律
和规则，不允许孩子讨价还价。一旦允许孩子讨价还价，
他就会得寸进尺，更加拖拖拉拉。

很多家长就做得非常不错，他们会要求孩子在九点前
必须完成作业，如果孩子出现拖延的行为，家长就会给予
适当的惩罚；如果孩子总是能做得不错，家长也会给予及时
的表扬和鼓励。

3. 了解孩子拖延的原因

虽然孩子做事随性、任性，可是他们任何行为的背后
都有一定的原因。如果家长发现孩子做作业时拖拖拉拉，
就应该积极找到其中的原因，而不是一味地批评、催促和
教训他，否则不仅无法获得任何实质性的效果，还会不断
加强孩子的厌学情绪和拖延行为。

越催促，孩子越拖延。不管孩子拖延学习的原因是什
么，我们都应该避免过度地催促，只有积极引导孩子，激
发他们的积极主动性，才是最好的办法。

劳逸结合，让孩子该玩则玩，该学则学

学习是家长们最看重的一件事情，但是很多孩子却让
家长"不省心"，一抓住机会就玩个不停，把学习抛在脑
后。于是，在现实生活中，我们会看到孩子和家长的斗争

和博弈：

孩子想办法偷懒，趁爸爸妈妈不注意，就抓紧时间玩一会儿；而家长则巴不得孩子把大部分时间都拿来学习，在孩子耳边不停地提醒，"你快别玩了，有玩的时间还不如好好地看书、学习呢！"

在这场父子、母女的博弈中，孩子往往处于劣势。在父母的逼迫下，他们放弃了玩的权利，几乎把自己全部的时间和精力都投入学习，一个个像是上足了发条一样，恨不得利用每一分每一秒来背书、做题。

但是问题是，孩子们花费的时间越多，下的功夫越大，成绩提高得就越快吗？学习效率就越高吗？事实并非如此。长时间的学习和超负荷的思考，不仅无法获得满意的结果，还会让孩子把自己搞得疲惫不堪。

薇薇的学习成绩一直不错，虽然算不上班级里最优秀的，但是每次考试都可以有不错的排名。可临近期末考试的时候，老师发现薇薇的学习状态有些不太对劲，每天上课总是哈欠连天，精神状态非常不好，有时听着听着就开始打瞌睡，甚至直接趴在课桌上睡着了。

不仅如此，在作业完成情况上也表现得很差，总是犯一些低级错误，有时连最简单的公式都弄混了。

发现了薇薇的问题，班主任把孩子叫到办公室，非常严肃地说："薇薇，我一直认为你是表现不错的孩子，学习积极主动、勤奋认真。可是现在已经期末了，正是加紧复习的时间，你怎么不在状态呢？"

薇薇听了老师的话，委屈地说："老师，不是我不想好好学习，只是最近我实在是太累了！"原来薇薇的妈妈希望孩子能够考个好成绩，在班级的排名再提前一些，于是就延长了她的学习时间。每天除了完成老师布置的作业外，妈妈还给她安排了额外的任务——做一篇考试模拟试题。因为薇薇的薄弱环节是英语，妈妈还给她报了英语学习加强班。每周二、周四、周六的时候，薇薇都要上英语培训班，完成老师布置的作业。

在这种高强度的强迫学习下，薇薇几乎没有了休息的时间，就更别提什么娱乐和游戏了。尤其是上英语培训班的那几天，每天晚上都是十一点半之后才能上床睡觉。所以，她最近白天总是没有精神，还因为过度疲劳而一直打瞌睡，无法集中注意力。

得知薇薇的情况之后，班主任找到了薇薇的妈妈，决定和她好好地谈一谈。在谈话的过程中，班主任对薇薇妈妈说，这种长时间让孩子学习的做法是不对的。虽然每个家长都希望孩子能够好好学习，提高学习成绩，但是强迫孩子长时间地学习，不仅无法让孩子提高成绩，还会让孩子很辛苦，甚至是疲惫不堪。

好在薇薇妈妈听进去了班主任的建议，让孩子恢复了正常的作息习惯，取消了额外的家庭作业。同时，微微妈妈还让孩子注意劳逸结合，给孩子安排了一小时的娱乐时间，或是听音乐，或是看电视，任孩子自己选择。经过一段时间后，薇薇的学习状态果然变好了，在期末考试中取得了优异的成绩。

生活中，很多家长都会催促孩子"快点儿去学习，不要总是玩了"，但很少听到家长对孩子说："别老学习了，快来休息、放松一下吧！"然而，我们不得不承认，与学习相比，游戏和娱乐对于孩子来说也是至关重要的。只有休息好了，娱乐好了，孩子才能更好地学习。一旦孩子只会学习，或是长时间地学习，忽视了劳逸结合，那么学习也是失败的。

这是因为，一旦孩子不分白天黑夜地学习，他们的大脑就会开始疲惫，甚至是停止运作。再加上身体上的疲惫和心情的压抑，孩子自然就会注意力涣散，瞌睡连连，学习效率低下。这不仅是学习方式的问题，更是合理利用时间的问题。

因此，家长要合理安排孩子的学习时间，适当地让孩子放松一下，让孩子该学的时候好好学习，该玩的时候好好地玩。

第 7 章

棍棒出逆子！孩子的行为问题，来自父母给的叛逆

孩子出现问题，打骂是最简单的方法，也是很多家长时常采取的方式。然而，这却不是一种正确、合适的教育方法，棍棒之下教不出听话、顺从的孩子，相反还可能会打出一个叛逆、麻木、没有安全感的孩子。而孩子种种行为的苦果，只能是种下这苦果的父母自己来品尝。

简单粗暴，把亲子关系打得支离破碎

这一天，欣欣妈妈将欣欣送去幼儿园后，回去的路上恰好碰到轩轩妈妈。见轩轩妈妈一副愁眉苦脸的样子，欣欣妈妈便关心地询问："你这是怎么了？出了什么大事吗？"

"哎，也不是什么大事。就是我家那个小魔头，又在幼儿园调皮捣蛋了。这不，学校今天又请我去'做客'了。还是你家欣欣好，乖巧又听话。"轩轩妈妈叹了口气，苦恼地朝欣欣妈妈抱怨。

欣欣妈妈听后，惊讶地说："不会吧？我和轩轩接触过好几次，轩轩很听话啊。我家欣欣在家也经常说轩轩特别聪明，老师教的东西，他一学就会。"

轩轩妈妈一脸无奈地说："聪明是聪明，就是太皮了。在家真是一天一小打，三天一大打。就昨天，我还狠狠揍了他一顿，现在还跟我闹脾气呢！不仅不和我说话，看我那眼神也跟看敌人似的！"

欣欣妈妈一听轩轩妈妈揍孩子，不禁皱起了眉头，不赞同地说："孩子的乖巧听话不是打出来的。我看呀，轩轩今天不服管教的模样，很大一部分是你造成的。"

"我的原因？"

"是的。小孩子调皮捣蛋是天性，我家欣欣其实也一样，是一个小惹祸精，但我从来没因为她到处闯祸而去责骂她、揍她。因为我深知，打骂是解决不了任何问题的，反而会让孩子更加和家长拧着来！"欣欣妈妈严肃地说。

轩轩妈妈仔细想了一下，她发现自己揍完孩子后，之后几天孩子都会更变本加厉地和她对着干，怎么折腾怎么来。想到这里，轩轩妈妈不好意思地挠挠头，向欣欣妈妈请教："你平时都是怎么教育欣欣的呀？"

欣欣妈妈笑着说起自己的育儿经："在教育孩子的时候，千万别把孩子当犯人。因为你越是凶他、打他，他的叛逆心就越重，反抗得也更加激烈！你只要心平气和，好好和他讲道理，你就会发现，他都是愿意听的，也愿与你讲道理。"

"哎，我也不想揍孩子，就是恨铁不成钢呀！"轩轩妈妈惭愧地说。

相信许多父母被孩子惹急时，都会用简单粗暴的方式教育孩子，而用这种方式教育孩子的父母，无疑都有这样一种心理——恨铁不成钢。可事实是，钢材是炼出来的，并不是恨出来的。此外，用指责、打骂的教育方式，不仅不能让孩子成才，反而会带来许多弊端。比如，让孩子敌视父母，影响亲子关系；让孩子的性格扭曲发展；让孩子的叛逆心越来越重；让孩子染上暴力……

　　每个孩子来到世上，他们的心灵都是干净透彻的，父母作为他们的第一任老师，行为言行都成了他们学习模仿的对象。父母的反应会让孩子建立起自己的世界观，父母的态度会让孩子懂得自我认知。如果父母懂得尊重、体谅孩子，那么孩子也会感激、认同父母；如果父母从来都是训斥、压迫孩子，那么孩子无疑是叛逆的，甚至会自我厌弃。

　　有研究表明，强制教育给孩子带来的伤害不容小觑。父母对孩子的支配行为，刚开始会引起孩子的剧烈反抗。但如果这种支配行为持续时间过久，而孩子的反抗也没有任何效果的话，时间久了，孩子的意志就会逐渐变得越来越消沉，失去自我激励的能力。此外，孩子的创造力和想象力也会受到压制。可见，这样的教育方式对孩子的身心与智力发展很不利。

　　天底下每一对父母都有一个相同的心愿，就是希望自己的孩子优秀。当自己的孩子达不到自己的期望，或是没有其他小朋友优秀的话，就会产生强烈的落差感。这股落差感会影响父母的教育方式，可谓"一念天堂，一念地狱"。

　　父母要时刻谨记，孩子的成长并不是一帆风顺的，他们需要的是教育与引导，而不是训斥与打骂。孩子有自己的思维，有自己的想法，父母只有将孩子放在平等的位置去尊重、理解他们，孩子才会用平静、宁和的心去面对你。

1.营造轻松的聊天氛围，引导孩子学会自我检讨

如果孩子是一朵花，父母的陪伴就是光和水，是他们成长过程中最需要的东西。父母哪怕再忙，都要安排好时间，抽出一段固定的时间来陪伴孩子，与孩子坐在一起轻松地聊聊天。通常来说，父母可以将时间定在晚饭后，在这段时间可以与孩子看看电视、散散步，或是说一说今天发生的有趣的事等。

需要注意的是，父母在和孩子聊天时，情绪不要有太大的波动，哪怕知道孩子犯错了，也不要急着训斥或纠正他，正确的做法是，要先听听孩子犯错的原因，再引导孩子进行自我检讨，并对孩子坦白、诚实的态度给予肯定。倘若父母不问缘由，对孩子劈头盖脸一顿训斥，那么下一次，孩子就未必再有勇气向父母坦承了。

2.用卡通式的语言教育孩子

孩子天生就对卡通动漫有兴趣，且能快速地记住与卡通相关的情节和语言。因此，父母可以在教育孩子的时候纳入卡通元素。例如，在教训孩子的时候，父母可以用卡通里面的语言来教育孩子，这既能让孩子知道自己哪些行为是错误的，是需要改正的，还能强化父母在孩子心中的影响力。

教育孩子有很多方式，但绝不能有简单粗暴的指责和打骂。只要父母留心孩子性格、行为和心理上的变化，就一定能找到适合孩子的教育方法。

无理取闹，是孩子在找发泄口

每个孩子都会有无理取闹的行为，父母在面对这种行为时，处理方式是什么？是力不从心、尽显无奈，还是不理不睬、一走了之，抑或是大打出手、大声训斥？用这样的方式去处理孩子的取闹行为，换来的又是一种什么样的结果呢？毫无例外，是孩子的更加无理、更加取闹，甚至还会影响孩子的性格与身心健康发展。

吴瑶是一位事业有成的女性，她将绝大多数的时间奉献给了事业，很少有时间与孩子相处。这一天，吴瑶难得放假，她带着4岁的女儿果果出门逛街，同行的还有几位友人。

一路上，吴瑶只顾着和友人说话，没有对果果说一句话。当路过一家玩具屋时，果果突然停下了脚步，她指着玩具屋里最大的洋娃娃对吴瑶大声说："妈妈，我喜欢那个洋娃娃，你给我买吧！"

吴瑶想也不想果断地拒绝："不行！"

"为什么？"果果嘟起小嘴，一脸不高兴。

"家里已经有很多洋娃娃了，不可以再买了，而且这个洋娃娃这么大，我们怎么带得走呢？"吴瑶理智地对果果说着这些道理。

然而，果果根本不听，她不禁大声哭闹起来："我不嘛，我就要，我就要，妈妈你给我买！"

果果的哭闹声吸引了很多人，吴瑶觉得很丢脸，心里的怒火被一点点挑起来。她拉着果果的手，想要将果果拉走，可是果果挣扎着，一下躺在地上打滚耍赖，大哭大闹。最后，吴瑶实在没有办法，答应帮果果买。然而，果果却不想要了，可依然赖在地上哭闹。

在吴瑶焦头烂额之时，友人在一旁提醒："我觉得果果并不是真的想要买洋娃娃，她可能是见你一个劲地和我们聊天，忽视了她的存在，想要用这种无理取闹的方式获得你的关注。"

吴瑶按照友人说的，将果果抱了起来，轻声细语地安抚好果果的情绪。后来，吴瑶与友人道别了，专门带着果果一个人逛街，围着果果一个人转。果果想吃冰淇淋，就算被妈妈拒绝了，她也没有再无理取闹。

其实，孩子毕竟是孩子，无理取闹时就像一个饿极了的小婴儿，他们的大哭大叫、满地打滚，全凭着自己的性子，根本不会去分轻重、分场合，也没有分寸可言。而这也是他们心中不满的发泄方式。所以，孩子的无理取闹并不是与生俱来的，父母要先分析一下孩子无理取闹的原因。

在年龄上，由于孩子年龄小，情绪波动大，自我控制力差，他们的要求得不到满足时，往往不能及时地调整或控制自己的负面情绪，这些不好的情绪会演变成大发脾气、无理取闹，而这也是孩子发泄心中不满的方式。

在教育上，现代孩子都处在"4+2"的家庭模式中，爷爷奶奶、外公外婆、爸爸妈妈全都围着孩子转，使孩子成为家中的"小皇帝""小公主"，长辈们会想方设法满足孩子的一切需求。这种溺爱的教育方式很难让孩子明事理，当孩子的需求得不到满足时，毫无例外会用无理取闹的行为达到自己的目的。

在家庭氛围上，如果父母经常当着孩子的面争吵，孩子的情绪也会受到影响，变得越来越暴躁、易怒。同时，父母的忽视也会令孩子的心灵受到伤害，用无理取闹的方式获得父母的关注。

此外，当孩子受到挫折变得沮丧时，也会通过发脾气、无理取闹来发泄自己的情绪。当孩子看到其他小朋友用无理取闹的方式要求父母满足自己的愿望时，他们也会有样学样地用这样的方式逼父母就范。

美国儿童教育家海姆·吉诺特曾说过："惩罚不能阻止不良行为，它只能使罪犯在犯罪时变得更加小心，更加巧妙地掩饰罪行，更有技巧而不被察觉。孩子遭受惩罚时，他会暗下决心以后要小心，而不是要诚实和负责。"当孩子无理取闹时，父母不要想着用手段去惩治孩子，应该要想想用什么方法才能杜绝孩子无理取闹的行为。那么，父母该怎么做呢？

1. 转移孩子的注意力

孩子无理取闹，父母的情绪也会受到波动，会不由自主地责骂、训斥孩子。但是，这样的做法不仅不能平复孩子激动的情绪，反而还会助长孩子的情绪。父母应该要先自我冷静，然后用转移孩子注意力的方法帮助孩子进行情绪引流。比如，父母可以问一问孩子有趣的问题，给孩子拿一些好吃好玩的，等等。当孩子的注意力转移了，就会很快忘记无理取闹的需求。

2. 冷处理孩子无理取闹的行为

很多时候，孩子无理取闹时的大哭大闹，并不见得是真的哭闹，多数是为了达到自己目的的一种手段。所以，孩子们往往会一边哭闹，一边观察父母的表情和动作。如果父母会紧张地哄劝他们，他们会哭闹得更加来劲。如果父母对他们的哭闹行为不闻不问，他们就会认为自己的哭闹并不能让他达成目的，继而就没有表演的欲望了。

因此，父母的心智应该要坚定一点儿，让孩子独自哭闹一番。孩子见哭闹屡次没有成效，久而久之，就不会再无理取闹了。

3. 与孩子多谈谈心

当父母冷处理孩子无理取闹的行为后，要趁着孩子心平气和时与他们谈心。人都有倾诉的愿望，孩子也是如此。父母不需要摆出长辈的架子，也不要用一副讨好的态度与孩子交谈，只要把孩子放在平等的位置，当作朋友来聊天即可。

与孩子谈心的过程中，父母一定要教导孩子换位思考，让孩子将自己当成大人，想一想面对无理取闹的孩子时，他会有怎样的感受。当孩子意识到无理取闹是一种消极的、不好的行为后，便不会再无理取闹了。

4. 帮助孩子发泄多余的精力

孩子无理取闹，往往是因为有着充沛的精力。因此，父母可以帮助孩子释放这些多余的精力。释放的方法有很多，可以运动、练字和画画，也可以让孩子帮忙做家务，等等。当孩子没有多余的精力，哪还有力气去无理取闹呢！此外，还可以培养孩子的自控力和专注力，帮助孩子戒掉无理取闹的不良行为。

一千个读者眼中有一千个哈姆雷特，一千个孩子就有一千种性格。每个孩子都是独立体，都有属于自己独特的个性，成功的教育理念可以成就他们，而失败的教育理念则会摧毁他们的一生。所以，父母在教育孩子无理取闹的行为时，一定要选择适合自己孩子的教育方式。

不再强迫孩子听话，孩子才会开始听你的话

"彬彬，你能不能安静点儿，不要再来回跑了！"

"彬彬，不许再看电视了，电视声音太大了！"

"彬彬，不许再拉你的小提琴了，实在太吵了！"

......

这一天，彬彬的妈妈招待远道而来的好朋友，可是儿

子一刻都不得安静，不是在来回跑，就是在看电视、胡乱拉小提琴，各种噪音吵得彬彬妈妈根本没法好好和朋友聊天，这才心情烦躁地对彬彬接二连三地呵斥。

妈妈的呵斥声令彬彬很沮丧，他抱着自己的小皮球乖乖地坐在了角落里，看上去可怜极了。不过，孩子的情绪就像天气，来得快也去得快。没过一会儿，彬彬就已经忘记了刚才的不开心，又开始闹腾起来。他抱着自己的小皮球在地板上拍来拍去。

"砰砰"的响声。不禁令彬彬妈皱起了眉头，刚想再次训斥，却被朋友阻止了。

朋友说："你这强势的脾气要改一改，不要总对孩子说不许做这个、不许做那个。其实，你想制止孩子做一件事情很简单，只要动动脑筋，转移孩子的注意力就行了。"

"转移孩子的注意力？"彬彬妈一脸疑惑。

"是的。"朋友点点头后，对彬彬说："彬彬过来，帮阿姨一个忙好不好？你去看看阿姨放在桌子上的包包里有什么好东西！"

彬彬听完这话，不禁感兴趣，他放下手中的皮球去桌子边翻看包。没一会儿，彬彬找到了一把玩具小手枪。

朋友继续说："彬彬，阿姨将玩具手枪的子弹藏在了这个屋子的每个角落，你去找一找吧！"

就这样，之后的一个多小时，彬彬都在屋子里找玩具手枪的子弹，没再发出任何吵闹声。彬彬妈看着儿子耐心地找东西，不禁感慨万分。要知道，她以往为了让儿子安静下来，每次都少不了训斥和责骂。

打从这以后，彬彬妈开始改变对彬彬的教育方式，每当她试图阻止儿子做一些不好的事情时，她都会想办法转移儿子的注意力，再也不像从前那样命令儿子不许干这、不许干那了。这种做法也让彬彬妈收获良多，彬彬变得越来越乖巧和有耐心了。

每一对父母都该留心自己的行为和语言，你是否经常不说缘由就对孩子的行为进行限制？你是否不告诉孩子原因，就对孩子说"不能""不要""不许""不准"等这样的话？如果有，就该自我检讨一番，当孩子做出那些不好的行为时，你为什么没有耐性去告诉他们这些事不能做的理由？

可能许多父母会说，每一天要做太多的事、说太多的话，根本没有时间对孩子——解释。但你需要明白，这样做的后果会让孩子根本不知道自己为什么会被训斥，也根本不明白父母为什么要限制自己的行为。久而久之，父母就会在孩子心中留下"不讲道理""莫名其妙""十分讨厌"等形象，甚至会激发孩子的叛逆心。那么，父母该怎么做才能让孩子愿意听话呢？

1. 利用孩子的探知欲转移注意力

孩子天生就有很强的好奇心和探知欲，当孩子做出不好的行为时，父母可以用新奇的事物激发孩子的探知欲，以此来转移孩子的注意力。这样的方式不仅能培养孩子的耐心，还能促进孩子的思维发展。可见，这种方法比用强硬的态度命令孩子不许干这、不许干那或是训斥孩子有效得多。

2. 提高孩子的辨别意识

当孩子靠近电源、热水瓶、走入马路中间的时候，绝大多数父母的第一反应都是冲过去，强硬地将孩子抱走，让他远离危险。事实上，这种方法并不高明，父母强硬的行为不仅会激发孩子的叛逆心，还会惹孩子大发脾气。

对年幼的孩子来说，他们还无法明确地分析出什么是危险，什么是安全。这就意味着，他们在靠近危险的东西时，都是懵懵懂懂不自知的。这种时候，父母应该教导孩子要有危险意识，辨别什么是能做的，什么是不能做的。只有给孩子设定好了安全界限，孩子在父母说不准或不许后，会先思考一下自己刚刚的行为是否存在危险性。

强迫孩子听话只能解一时之急，并不是长久之计，因为忘性大的孩子，很快就会将父母的不准、不许抛之脑后，然后再犯。唯有转移孩子的注意力，提高孩子的辨别意识，才能让孩子乖乖听话。

批评孩子，一定要注重表达方式

最近，小晋妈妈发现儿子小晋很不对劲，因为小晋不仅不黏着爸爸，而且还躲着爸爸。如果爸爸在看电视，小晋就躲进房间；爸爸去了卧室，小晋才出来看电视。小晋妈妈很好奇，这对曾经亲密无间的父子到底发生了什么事？

晚上睡觉时，小晋妈妈问小晋爸爸："孩子他爸，你是不是和小晋闹别扭了？"

"没有呀。"小晋爸爸一脸迷茫，根本不知道究竟发生了什么事。

小晋妈妈觉得，这样下去可不是办法。她特地趁着爸爸加班不在家把小晋叫到了跟前，几番询问之后才知道了缘由。

原来，小晋从小就喜欢跳舞，是幼儿园里的"小舞王"。在六一儿童节来临之际，小晋在老师的安排下，和几个同样喜欢跳舞的小伙伴排了一支舞蹈，准备在儿童节那天表演。前些天，小晋和小伙伴们正常排练，可是有一个同学老是跟不上动作，小晋就说了这个同学几句。却不想，这位同学很不服气，和小晋争吵起来，最后双双动了手。

两个孩子都受了一点儿小伤，老师也因此通知了家长。恰好那天，是小晋爸爸过去的。小晋爸爸不问缘由，对着儿子就是一顿批评："你这个小兔崽子怎么那么不省心呢！年纪这么小就敢打人，以后长大了是不是要去杀人了！"

小晋爸爸越说越气，要不是老师拦着，他还想动手揍小晋。

小晋将事情的经过说给妈妈听后，他委屈地哭着说："妈妈，我讨厌爸爸！他不问原因就当着那么多人的面狠狠地批评了我一顿，要不是老师拦着，他还想揍我！我以后再也不喜欢爸爸了！"

小晋与同学动手，肯定是不对的，如果小晋爸爸能够好好地和他讲道理，那么小晋一定会认识到自己的错误，并且也不会与爸爸出现隔阂。然而，小晋爸爸一气之下，什么都没问，就当着大家的面责骂了小晋，这无疑激起小晋的反抗意识，影响了父子间的感情。

对小晋爸爸来说，那件被他遗忘的事根本就是微不足道的小事，所以小晋妈妈询问他与儿子是否闹别扭时，他也没有想起来。

相信许多父母与小晋爸爸一样，在孩子做错事教育他时，会觉得孩子年纪小，什么都不懂，致使教育孩子时忽视了孩子的面子和尊严。可事实上，孩子有一颗敏感、干净、透明的心，他们比成年人更关注面子与尊严。父母毫无顾忌地指责与批评，无疑会伤害到他们幼小的心灵。

美国著名儿童心理学家詹姆斯·杜布森博士也曾说过："让孩子失去自尊心的方式有千百种，但帮助孩子重建自尊却是一个极其困难和漫长的过程。"为了孩子能够更加健康、快乐地成长，父母在批评孩子的时候，一定要注意自己的表达方式，别让孩子将自己的内心封闭起来，藏在黑暗的巷子内。父母在教育孩子时，应该要这么做。

1. 改变简单粗暴的教育理念

一些父母在孩子做错事情之后，会当着外人或是在大庭广众之下严厉地批评孩子。这么做有两个原因：一是他们认为这会让孩子快速地认识到自己的错误，并深刻地记住这次错误，以后不敢再犯；二是当着他人的面批评教育孩子，会让他人知道孩子的父母很严格，家教非常严谨。

然而，这种教育方式并不会令孩子深刻地认识到错误，这只会令他们难堪，对他们的心灵造成无法弥补的伤害。现在，请各位父母自我反思一下，如果你也存在用这种简单粗暴的批评教育孩子的现象，就请赶紧改变吧。

2. 选择适宜的环境批评教育孩子

英国作家洛克就曾告诫过父母："对儿童进行批评教育时，得在私底下进行；而对儿童进行称赞表扬时，则应该当着众人的面进行。对儿童来说，当众受到称赞与表扬，再经过一番传播，有着非常重大的意义，他们会为之而骄傲，并在以后的岁月中付出更多努力以期求得更多的赞扬。而如果当众宣布儿童的过错，则会让他们感到无地自容，甚至是悲观失望，而父母也将失去制衡他们的工具。"

所以，父母对孩子进行批评教育时，应该选择合适的环境，最好选择在没有外人在场的情况下进行，且在批评孩子的时候，一定要注意自己的言辞，不要说一些会伤害孩子面子和自尊心的话。不然，批评只会适得其反，不仅不会令孩子认识到自己的错误，还会激发出孩子叛逆的情绪，也因自尊心的伤害渐渐变得自卑或自暴自弃。可见，私下批评教育孩子维护的，不仅仅是孩子的脸面，更是在维护孩子脆弱又敏感的自尊心。

同一句话，用不同的方式去说，会有不一样的效果。即使不是孩子，任何人都会选择听取温和说话方式的建议。所以，父母在批评教育孩子的时候，一定要注重表达方式，不要让粗暴的言辞摧毁了亲子关系。

明知故犯，是孩子在表达强烈抗议

"妈妈和你说了很多次，不要碰插座，你怎么又碰了呢？"

"马路上到处都是车辆，你怎么又和小伙伴在马路中间打闹呢？"

"你还不会游泳，怎么老是跑到水边玩水？"

……

这些话语，每一对父母应该都很熟悉，因为我们都对孩子说教过。然而，当看到这些话语中的"又""老是"等含有重复意义的字眼时，父母们是否有头皮发麻的感觉？是否会莫名出现心累、疲惫的感官错觉呢？

每一对父母都怕面对孩子的一种行为问题，那就是明知故犯。明明已经明确告诉孩子不要做这件事，可孩子偏偏就要做。这样的行为无疑会令父母恼火，也不理解孩子为什么要这样做。以至于许多父母面对孩子明知故犯的行为时，都会用斥责、打骂等简单粗暴的方式教育孩子，鲜少有父母会思考孩子明知故犯背后的原因。

通常来说，孩子明知故犯有这样几个原因：

首先，渴望得到父母的注意。当一个人很忙或专心做一件事情时，会不自觉地忽略周围的人或事。所以，当父母陷入繁忙状态时，就会忽视孩子的存在，自动过滤孩子说的话。正是因为父母的忽视，才会令绝大多数的孩子选择用明知故犯的方式吸引父母的注意力。孩子们会绞尽脑汁地思考以往做了哪些事引起了父母的强烈情绪，尽管那些事都是不好的，他们也会选择去做。

其次，向父母展示自己的权利。每个孩子都有权利意识，当父母对孩子说这个不能做、那个不许做时，会让他们感觉到自己的权利受到了侵害。为了展示和维护自己的权利，他们会选择再犯。

再次，向父母展开报复。这里的"报复"，其实就是与父母对着干。当孩子受到父母的训斥或打骂时，他们的心灵会受到严重的伤害，这种情绪会令孩子急需寻找发泄口，而与父母对着干就是他们最好的排压方式。因此，父母越是不准他们做的事，他们就越会去做。

最后，孩子缺乏认知能力。当孩子在做一件危险的事情时，许多父母直接将孩子抱离危险源，或是直接呵斥孩子不许做，鲜少会对孩子说明不许做的原因。这种教育方式会令孩子缺乏认知，再加上孩子的忘性大，不用多久就会再次去做。

知道了孩子明知故犯的原因，就可以对孩子的这种行为对症下药了。

1. 留心孩子的言行举止。

父母哪怕再忙，也不可以忽视孩子，因为这会令孩子感到孤独和失落，不利于孩子的身心健康发展。所以，父母哪怕忙得焦头烂额，也要抽出时间静下心来聆听孩子的话语，查看孩子不对劲的行为，让孩子的心灵得到满足。这样孩子就不会有不满的情绪，不会用明知故犯的行为引起父母关注了。

2. 向孩子讲明禁做事件的缘由

因为孩子年龄尚小，缺乏辨别意识在所难免。当父母禁止孩子做一件事时，一定要向孩子讲明这件事为什么不可以做。比如，孩子爱去河边玩水，父母在对孩子说不能做时，也要向孩子说明水的危险性，同时也可以用他人溺水的事件为孩子敲响警钟。只有当孩子意识到事件的危险性后，才不会再犯。

3. 加强培养孩子的自我控制力

自控力是一种良好的意志品质，有了自控力，孩子就不会随意发脾气，不会明知故犯。想要让孩子学会自控，父母可以让孩子从日常生活中的小事做起。比如，晚上看电视时，不能让孩子专门看自己想看的，要让孩子学会照顾别人，看大家都爱看的；在与小伙伴玩玩具时，要学会与他人分享，不可以独占；吃东西时，也要留一些给别人；等等。

需要注意的是，在做这些事前，父母要对孩子讲明理由，让孩子理解这种行为背后的意义。久而久之，孩子将会变得理智，懂得约束自己，不会再做明知是错误的事情。

4. 用"自然后果法"教育孩子

孩子做错事，父母不可以听之任之，一定要认真对待，必须让孩子明白明知故犯这种行为的恶劣性。因此，父母可以给予孩子一点儿惩罚。这里的惩罚并不是体罚，而是事件发展后带来的后果惩罚。比如，孩子总是赖床，父母可以不叫孩子起床，让孩子体会到"迟到"带来的一系列惩罚，这样孩子才不会再犯。

孩子所有的明知故犯的行为都是有动机的，父母只有观察，懂得孩子的心理变化，对症下药后就能有效地杜绝孩子的明知故犯的行为了。

调皮捣蛋，暴力教育助长孩子气焰

妞妞是一个4岁的小姑娘，今年上幼儿园中班。她性格活泼，长相可爱，很受老师和同学的喜爱。每一次妞妞妈妈去幼儿园接孩子回家时，都会听到老师夸赞妞妞听话懂事，这让妞妞妈十分欣慰。

可是上了大班后，妞妞妈总接到老师打来的投诉妞妞

棍棒出逆子！孩子的行为问题，来自父母给的叛逆

的电话。

"妞妞妈妈，你家妞妞撕坏了别的小朋友画的画，现在还不肯向同学道歉呢！"

"妞妞把教室里的小盆栽全都揪了出来，这些盆栽全都被她弄死了。"

"妞妞中午不午睡，在教室里乱跑，还把一个小朋友打哭了。"

……

诸如这类的投诉还有许多，妞妞妈头疼极了，她完全想不明白，原本听话懂事的妞妞怎么会变得这么调皮捣蛋呢？

毫不意外，妞妞回家后，妞妞妈询问妞妞为什么要做那些调皮的事时，妞妞低着头，什么话也不说。妞妞妈脾气上来后，狠狠训斥了妞妞一顿。哪想到，妞妞的脾气也上来了，她趁着妈妈照顾出生没多久的弟弟时，用剪刀把放在抽屉里的一沓人民币剪得粉碎。这无疑让妞妞妈火冒三丈。然而，看着妞妞红着眼哭唧唧的模样，妞妞妈终是没忍心揍妞妞。

妞妞爸下班后，妞妞妈向他说了这事。

妞妞爸想了一下，说："我仔细想了一下，妞妞是打从弟弟出生后变得调皮捣蛋的，是不是我们对她的关注没有以前多了，所以她才用调皮捣蛋的方式引起我们注意呢？"

妞妞妈觉得很有道理。夫妻两个商量，以后尽可能多

地关注妞妞，对妞妞的作业、生活更加关心。

妞妞感到父母对她的关注和关心后，果然不再干调皮捣蛋的事了。

在父母的眼中，调皮捣蛋的孩子绝对是个小魔王，他们的破坏力常常令父母心惊。而这类孩子有一个明显的标志，就是不听道理。久而久之，父母会放弃对孩子的教导，想着孩子度过这个时期就懂事了。可事实上，孩子的懂事并不是随着年龄增长就会改变，他们还需要父母的教育与引导。父母在遏制孩子调皮捣蛋的行为前，要先明白孩子为什么会调皮捣蛋。

首先，孩子年纪小，无法控制自己的情绪，而高涨的情绪会让孩子不自觉地选择做各种令父母头疼的事情，以此来发泄多余的情绪。

其次，孩子想要获得父母的关注。孩子很聪明，他们非常明白，只有做那些不走寻常路且在父母眼中是调皮捣蛋的事，才能获得父母长久的关注。所以，他们想要吸引谁的关注，就会在谁的面前刻意地调皮捣蛋。

再次，孩子从来都是精力充沛的，他们一刻都停不下来，不是摸摸这个，就是碰碰那个，也会来回乱跑，与小伙伴打闹，同时对各种新奇的事物充满好奇感、探知欲，会不由自主地探索，而孩子探索的最典型的表现就是破坏。

最后，家庭环境对孩子的影响。有调查表明，绝大多数孩子调皮捣蛋的性格特点是家庭环境塑造出来的。太溺爱孩子的家庭会塑造出很自我的孩子，这类孩子不懂得聆听他人，只顾着自己的喜好，这表现为当孩子处在需要遵守纪律的环境中，他们往往控制不住自我。充斥着争吵和父母离异的家庭，也会影响孩子的性格发展，这种环境会令孩子的性格走上两个极端：一是暴躁，二是孤僻。前者的调皮捣蛋是显而易见的，而后者的调皮捣蛋是不动声色的。

父母在面对孩子调皮捣蛋的行为时，不要总想着用暴力的手段去解决问题。事实上，暴力的教育方式只会助长孩子的气焰，让孩子变得更加调皮捣蛋。那么，父母该怎么合理地遏制孩子的调皮捣蛋的行为呢？

1. 理解孩子调皮捣蛋的行为

许多孩子调皮捣蛋并不是真的想调皮捣蛋，他们只是想用这样的方式缠着父母，获得父母的关注。同时，当自己的权利受到损害时，如父母不给他们看喜爱的动画片、吃爱吃的零食，也会用调皮捣蛋的行为朝父母夺回自己的权利。因此，父母思考问题不要总站在自己的角度去思考，也要懂得站在孩子的角度去想问题。只有先理解了孩子调皮捣蛋行为的背后含义，才能心平气和地与孩子交谈，解决孩子调皮捣蛋的行为。

2. 给孩子制定规矩，设立奖惩措施

俗话说："没有规矩不成方圆。"当父母与孩子屡次说教，孩子屡次不改时，父母就可以给孩子制定一些规矩。事实证明，规矩可以有效地遏制孩子调皮捣蛋的行为。当然，除了制定规矩，也要设立一些惩奖措施。比如，妈妈去厨房做饭，可以让孩子独自在客厅看电视，时间为半个小时。如果半小时内，孩子离开了客厅，就要给予孩子处罚，惩罚可以是不让孩子在一天之内吃他最爱吃的零食；倘若孩子半小时内一直安安静静地待在客厅看电视，父母可以奖励孩子，多给孩子一点儿爱吃的零食。

3. 培养孩子的耐性和自我控制力

仔细观察会发现，通常耐性好、自我控制力强的孩子往往都很理智，不会做出一些令父母头疼或费解的调皮捣蛋的行为。当父母对他们说一些道理时，他们也会安静地聆听，而这样的孩子，无疑是令父母欣慰的。所以，父母可以多多培养孩子的耐性和自我控制力。除了让孩子画画、练字外，还可以与孩子一同玩一些培养耐心与提高自我控制力的游戏。

调皮捣蛋是孩子成长的一个标志，也是一个过程。父母不要太苦恼孩子的这种行为，应该尽可能多地理解孩子，给予孩子正确的引导，渐渐改掉孩子调皮捣蛋的坏习惯。

第8章

隔离导致孤僻，
被圈养的孩子往往社交恐惧

孩子虽然是父母生养的，但是他们却不是父母的傀儡，有选择自己生活方式的权利，也有自主做事、到外面闯荡的权利。一旦父母不忍心放手，想要把孩子圈在自己的保护圈内，就束缚了孩子的手脚，捆绑了孩子的天性。

家庭不应成为孩子的"圈养场"

"家是温柔港湾，你我停泊的港湾，风雨再大都不怕，只要有个温暖的家。"家庭是我们每个人都觉得安心的地方，于是很多人就为孩子拴上了一根隐形的绳子，让孩子时刻待在身边，因为那样最安全。殊不知，孩子被这种"圈养"束缚了手脚，捆绑了天性。

每一位做母亲的人都有过这样的经历，当小宝贝在你的肚子中待了四个月左右时，他就按捺不住了，便在那有限的空间中"耍"起了"拳脚"。当你感觉到胎动的一刻，一定会幸福无比，但你不知道，其实那是你的小宝贝的第一次"反抗"。孩子出生后，他就开始了他人生的学习，牙牙学语，蹒跚学步，那是他在探索他所在的这个世界。

前段时间，在某视频中看到这样一个情形，一位金发碧眼的妈妈带着一位不满周岁的小朋友候机，当通道开启时，这位妈妈优雅地提起手袋，给了宝宝一个信号，小宝宝迅速地手脚并用跟着妈妈开爬了。估计换作中国的任何一位母亲，都会提着箱子，抱着孩子，一副狼狈逃难的模样。孩子初学走路时是很勇敢的，但也许因为"慢点儿，别摔着""这不能过，来妈妈抱""妈妈拉手走，这会绊到的"……于是，他们的胆子越来越小，你以为你是为他铺平了路，他便一马平川了，却不知道孩子的天性被你一点点地摧毁。

放假后，陪孩子回老家，在农村并不宽阔的小街上，总会看到那么一两个孩子，身边没有大人的陪伴玩得不亦乐乎。而在城市中，哪怕是封闭的小区，也很难看到这样的情形，每个孩子身边一定会跟着一位甚至几位大人，孩子在玩时也总是有意无意地观察着"监护人"是否还在。自古就有"一岁两岁是心肝，三岁四岁有点儿烦，五岁六岁老捣蛋，七岁八岁狗都嫌"的说法，如今呢？估计几岁都是小心肝，孩子时刻在父亲、祖父母的浓荫下，"安全"地长大。

其实，孩子的成长是有规律的，四岁开始有了初始人格，七岁开始探索周边的世界，有了人际关系的雏形，等到十四五岁，就建立起了自我人格。每个阶段都需要孩子在经历中修复，而父母这时如果将孩子"圈养"起来，他们就会变成动物园中的"小老虎"，虽然长着利爪尖牙，却活得像一只小猫咪。

任何一位有"经验"的人都知道，下午四点不要经过小学门口，因为那里聚着一大群家长，他们等着孩子从学校这个"大圈子"中回到自己的"小圈子"。其实，每个小学都是片区招生，这就说明孩子回家也就需要几分钟、十几分钟，但家长是真的不放心呀。鲁迅先生当年还能看到高墙上四角的天空呢，而如今的孩子们，估计连四角的天空也很难看到了。

为什么近年来"在线课堂""家教"如雨后春笋一样层出不穷呢？那是因为家长想让孩子全面发展却又不敢放手，于是将"教育"请回了家中。但这样的教育真的实现了家长愿望中的素质全面发展吗？其实，我们每一位家长都明白，初入职场时，并不是业务有多难，而是人际关系难以把握。我们这一代人从小就是一群孩子一起跑跑闹闹长大的，还会觉得人际关系是门深奥的学问，那试问各位，我们的孩子在这种"独处"中长大，未来如何进入职场，如何打拼呢？我们总不能为他一直铺路下去吧？

因此，放手让孩子走出"家庭小圈子"很重要。当然，将一只一直人工驯养的小老虎放归山林还要经过训练呢。我们不能极端地一下子就由"圈养"改为"放养"，在这之前，要有充分的基础。

1. 有准备地放手

勒诺·斯科纳兹被人称为"美国最糟糕的母亲"，她的著作《放养孩子》也饱受争议。在书中，她讲述了她的育儿观及真实的做法——让9岁的儿子伊兹一个人去坐地铁。当时，在跟丈夫商量过这件事后，两人都觉得孩子的确已经准备好了。所以，在那个晴朗的星期天，在宽敞明亮的地铁站里，勒诺对伊兹说："再见，祝你快乐。"然后转头走了。在你看来，这绝对是件很疯狂的事。其实，她并不是一时兴起，将孩子扔在了地铁站。在这之前，她与丈夫已经做好了准备。她为伊兹准备了一份地铁线路图，一张交通卡，应急用的 20 美元，还有打公用电话的硬币，并告诉伊兹这些东西的用法。当伊兹经历了一个多小时的转车回到家中时，他满脸的自豪。

放手与撒手是有区别的。有准备地放，既能让自己放心，又可以锻炼孩子，达到教育的目的。

2. 分析风险，安全"放手"

现在，的确有很多的不安全因素，使我们对"放养"敢想不敢做，但其实我们只需要明白一点，"放养"孩子的目的不是"放"，不是"扔出去"，而是如何养。让孩子与外界接触，可以带着孩子多去转转，开阔眼界，孔子常游学，"读万卷书，行万里路"。孩子见多了，就可以识广。

12 岁的伊莎贝尔与同学们排完一场话剧，要跟"剧组"的 30 多名同学和他们的家长一起去附近的连锁店吃冰激凌。伊莎贝尔 10 岁的妹妹凯特琳也缠着父母一定要跟姐姐去，她的父母同意了，还答应帮忙照顾凯特琳的好朋友小 M，她也是一位 10 岁的小女孩。

本来说好吃完冰激凌就回家，可是因为父母临时有事，父亲把 3 个小女孩子送到冰激凌店后就出去了，并告诉 3 个小女孩子他们半个小时后回来。

小 M 这个时间应该在凯特琳家玩的，现在一起来到冰激凌店里了，所以本就有责任心的她给妈妈打了一个电话，告诉妈妈她在冰激凌店里。哪想她的妈妈突然着急了，并打电话质问凯特琳的妈妈："你为什么这样对待我的孩子？"

小 M 妈妈想象中的社会处处充满恐怖，就像很多父母完全不懂得如何正确地分析风险。他们把让孩子自己走路上学与让孩子穿越战场火线混为一谈。当他们想象孩子骑车去参加同学的生日聚会时，总会想到孩子会如何被刹车失灵的载重卡车撞倒。妈妈的想象禁锢了孩子的脚步。

家庭本来就应该是累了回来补充能量的地方，而不是孩子的"圈养场"，为了孩子"放手"吧，给孩子一个自由成长的空间，让他们的天性获得解放、快乐成长。

隔离庇护，弱化了孩子的社交本能

卡耐基曾经说过："一个成功的管理者专业知识所起的作用是 15％，而交际能力却占 85％。"诗人歌德也说过："人不能孤独地活着，他需要社会。"因为各方面的影响，现在有的育儿观将"安全"放在了第一位，孩子做的所有事都以"是否安全"作为衡量标准，因此孩子的种种要求，都以"太危险"而遭到了否决。

身为父母，觉得最大的责任就是为孩子撑好伞，是否想过在父母的大伞下，孩子总是处于"阴影"之中呢？未来社会需要我们的下一代人具有社会交往和活动的能力，孩子将来能否积极地适应各种环境，能否协调好与他人、集体的关系，能否勇敢地担起社会责任，能否乐观地对待人生等，这些都决定于父母的育儿观。

1920 年 10 月，一位印度传教士辛格在印度加尔各答的丛林中发现两个被狼哺育的女孩。大女孩看起来七八岁的样子，小的 1 岁半左右。人们推测她们是在半岁左右时被母狼先后带回洞中的。辛格找到她们后，就带她们回到了人类社会，放在了一个孤儿院中，并给她们起了名字——大的叫卡玛拉，小的叫阿玛拉。

她们的一切生活习惯都像野兽一样，不会用双脚站立，只能用四肢走路。最特别的是，她们害怕日光，在太阳下，眼睛只开一条窄缝，并不停地眨眼。但是一到晚上，她们就兴奋起来，而且能在夜里看清东西，也常常对着月亮发出尖尖的怪声。

孤儿院的人细心地教她们，但她们真的是完全不适应，吃东西时不允许别人接近，否则就会"呜呜"地吓唬人；天热时就会伸出舌头，像狗一样喘气；不肯洗澡，也不肯穿衣服，并随地大小便。经过孤儿院耐心积极的养育，阿玛拉的发展非常快，不久就表现出了一个人类小孩子的样子，但遗憾的是，她进入孤儿院不到一年，就死掉了。卡玛拉的发展很慢，用了两年多才能发出第一个人类音节，一年多才学会用膝盖走路，五年多才能用脚直起身来走路。卡玛拉活到了 17 岁，但她直到死也没有真正地学会说话，智力仅仅相当于三四岁的小孩子。

这个故事读起来很痛心，如果这两个小女孩没有被狼带走，可能她们会像任何人类的孩子一样快乐地生活，慢慢地老去。母狼将她们当成自己的孩子，将她们养大，教会她们作为狼的孩子的一切本领，但母狼不知道，自己的好心养育在人类看来是一个悲剧。

身为父母的你，是不是想到了什么？我们是不是现在正在做"母狼"呢？一切都是为了孩子，尽最大努力地将孩子保持在自己的视线之中，尽最大努力地为孩子安排好一切，尽最大努力地为孩子排除一切困难……这不正是那个好心的母狼做的一切吗？

每个孩子生下来就是要融进这个社会中的，孩子走路基本稳定、说话基本清楚之后就要去幼儿园，融入集体生活。在集体生活中，顺应孩子的心理发展需求，他会学到很多本领。您一定会发现，孩子没上幼儿园之前，总是黏在妈妈身边，即使有小朋友，也互相玩不到一起去。而上幼儿园以后，孩子喜欢与小朋友一起玩儿了，而且有些事情，自己也可以处理了，这便是最初的社交能力。

中国有句古语："穷人的孩子早当家。"什么意思呢？因为生存的需要，"穷人"的孩子没有太多的庇护，他们处处要通过自身的努力来实现愿望，所以能力表现得更高。而现在，父母总是希望尽最大可能满足孩子的需求。我们常

常在大街上看到"霸道"的小孩子，不懂得礼让，一切唯
我独尊，于是"妈宝儿"出现了，等他们长大了，那一定
就是"啃老族"。

香港巨富李嘉诚的名字，我们都耳熟能详吧？他对孩
子的教育观点很明确，那就是培养他们独立生活的能力。

他有两个儿子——李泽钜和李泽楷，这两个孩子在
八九岁时就开始旁听董事会会议，而且还会发表自己的见
解。通过参加会议，他们不但学会了父亲以诚信取胜的生
意经，分析问题和解决问题的能力也得到了提高。更重要
的是，这段生活为他们今后在事业上的成功奠定了坚实的
基础。

后来，两个孩子都以优异的成绩考上了美国斯坦福大
学。毕业后，他们向父亲表示想要在他的公司里任职，干
一番事业。李嘉诚断然拒绝了他们的请求，对兄弟俩说：
"我的公司不需要你们，还是你们自己去打江山吧，让实践
证明你们是否合格到我的公司来任职。"

不要等到孩子进入社会处处碰壁时才开始思考，后悔
自己当初的错误教育观，后悔当初我们过多的荫凉，阻碍
了孩子的社交本能。

有心理学家说过，未来的竞争是人格层面的竞争。只
有在人与人之间的接触中，情商、智商、爱商等才会有效
地形成。孩子在互动交往中，才能发展更多的能力，如沟
通能力、组织能力、协调能力、认知能力及应变能力。不

要让我们"好心"的防护罩变成牢笼,这样温室中的小树苗哪能长出参天大树?

教孩子选择交友,而不是干涉他交朋友

孩子从三岁开始就已经有了交朋友的意识,他们喜欢一起玩,这便是一种合作意识的雏形。现在,孩子出门总是由家长或家中老人充当"保镖",其实这种成年人的参与,是不利于孩子形成自我判断能力的。

小王带着孩子在楼下玩,一个小朋友过来提议要与小王的孩子一起捉迷藏,看到孩子兴奋的样子,小王欣然同意。这时那个小朋友的奶奶也走过来说:"玩捉迷藏呀,我也一起。你们藏我抓,好不好?"说完,这位看似已经过了知天命年龄的老人,用手挡起了眼睛,开始数数。不一会儿,老人已经气喘吁吁了。小王对此很疑惑,两个小朋友玩不是很好吗?为什么老人要参与其中呢?

同样在一旁看孩子的一位姐姐告诉了小王原因,原来小王家的孩子年龄与个头都比老人家的孩子大,老人守在身边是怕自己的孩子受气。在生活中,这样的人有很多,他们常常会干预孩子的交友,深深明白"近朱者赤,近墨者黑"的道理,于是对孩子的交友左拦右挡。特别是孩子越长大,他们的干涉力度就越大,以至于到了孩子谈婚论

嫁的年龄时，还要干涉。

不妨读一下傅雷给儿子的信吧，你一定会对孩子的交友有一个新的看法。傅雷对于孩子在交朋友一事上，没有指责和干预，而是选择了"教"。他说："对终身伴侣的要求，正如对人生一切的要求一样不能太苛。事情总有正反两面：追得你太迫切了，你觉得负担重，追得不紧了，又觉得不够热烈。温柔的人有时会显得懦弱，刚强了又近于专制。幻想多了未免不切实际，能干的管家太太又觉得俗气。只有长处而没有短处的人在哪儿呢？世界上究竟有没有十全十美的人或事物呢？抚躬自问，自己又完美到什么程度呢？这一类的问题想必你考虑过不止一次。我觉得最主要的还是本质的善良，天性的温厚，开阔的胸襟。"

这样一位父亲，像孩子人生路上的方向标，而不是像很多家长一样，做孩子人生路的铺路石与遮阳伞。每个孩子从三岁就已经开始选择朋友了，在与朋友的相处过程中，他们可以学会如何为人处事，也能看明白什么是人品，近而便会明白什么样的朋友是真正的朋友。所以，如果我们对孩子太过于担心的话，不如教会孩子如何选择朋友吧。

1. 创造良好环境，鼓励孩子与小伙伴同玩

由于现在的孩子生活在家长的呵护之中，一旦走出家庭的小圈子，他是十分不适应的，更严重些，有的孩子会形成"社交恐惧"，表现为不想与同龄人在一起玩，在一起玩时也总是不专心，思想涣散。

所以孩子三岁之后，一定要尽量为孩子创造良好的环境，让他与同龄人有更多的接触。可以先教孩子和熟悉的人交谈，然后循序渐进，最后达到和陌生人交谈的水平。平时在家里时，可以虚拟一个公众场合，下面有无数听众，让孩子发言，适时地给予孩子更多的爱护、表扬和鼓励。

在《颜氏家训》中，颜之推提出：每一个家庭为了教育好自己的子女，就一定要注意客观环境对子女的影响。他提倡家长应该教会子女如何选择良师益友，不要因择友不慎而使子女误入歧途。他说："是以与善人居，如入芝兰之室，久而自芳也；与恶人居，如入鲍鱼之肆，久而自臭也。"

2. 家长做好榜样，身教大于言传

俗话说："父母是孩子的影子。"如果想让孩子有一个正确的择友观，父母就必须先做到近良友、远损人。关于交友，古人的一句话很好，习近平总书记在演讲时也引用了这一句非常经典的话："以金相交，金耗则忘；以利相交，利尽则散；以势相交，势败则倾；以权相交，权失则弃；以情相交，情断则伤；唯以心相交，方能成其久远。"

身为孩子的人生导向，家长必须做到与高者为伍，与德者同行，这样才会让孩子在生活的点滴观察中，形成一个正确、良好的择友观。

3. 教会孩子择友，尊重孩子的择友

孩子的择友是出于内心的，家长只教会孩子如何择友就可以了，不要加以过多的干涉。如果对孩子的朋友不满

意，也不要针锋相对地指责别人的不足，要给孩子一定的时间，他们自然会有一个良好的判断。

春秋战国时，著名的军事家孙膑与庞涓同窗学艺，结为至交。两人学成先后下山，老师暗示孙膑，说庞涓心胸狭窄，不可深交，孙膑却不以为意。庞涓知道孙膑才智超过自己，心存妒忌，唯恐孙膑会严重威胁自己的地位，就起了谋害之心，暗中诬陷孙膑私通外国，将其刖足黥面。善良的孙膑被蒙在鼓里，在双膝膝盖被割去的情况下，还全心全意地为庞涓默写《孙子兵法》。直到庞涓的一位家丁仗义执言，孙膑才获知真相，如梦初醒。后来，孙膑诈疯逃出魔爪，最终报仇雪恨。正因为孙膑误交了庞涓这样的恶友，虽然逃脱一死，但身心遭受了巨大的创伤。

孙膑学问如此高深，还会遇人不淑，识人不清，更何况孩子。每个孩子都有他们的优缺点，也都有独立判断是非的能力，在孩子能力较小时，我们可以适当引导，教会孩子选择。但是如果孩子已经进行了选择，那么就要理性分析，不能加以干涉，特别是青春期的孩子，干涉力度越大，他们的反干涉情绪就会越激烈，甚至产生适得其反的后果。

家庭的不安感，孩子社交恐惧的定时器

孩子出生时是一张白纸，虽有遗传因素，但后天环境

才是他们性格形成的关键。人们说，每天对着镜子说："我很漂亮。"时间长了，这个人真的就变漂亮了。其实，并不是人有了什么改变，而是心理因素变化了。如果孩子出生后家庭氛围是民主的，那这个孩子一定会很独立；家庭氛围是温暖的，那这个孩子一定会充满爱。相反，如果家庭氛围是专制的，那这个孩子或者很霸道或者很懦弱，因为他要找到适合自己在这个氛围中的生存方式。

孩子学走路，奶奶一直在旁边守护，并不停地说："慢点儿！小心！"孩子就会觉得走路是一件很危险的事。到了孩子一周岁之后，别人的孩子都跌跌撞撞地自己走时，这个孩子也还要牵着大人的手，在他的头脑中，自己走路是"危险"的。

同样的道理，孩子三岁就开始有了与伙伴游戏的想法，但家庭却要把他圈起来，而且还不断地告诉他："不跟打人的孩子玩，他们会打你的。""不要跟比你壮的孩子玩，他们一推你就倒了。""不要和小朋友玩滑梯，会掉下来摔死的。""不要和陌生人说话，他们会把你卖掉的。"心理学家指出，对孩子常常说"不"的家庭，孩子将来就会成为一个否定的人。本来孩子已经到了认知世界的年龄，家长却将孩子"圈养"起来，并将一切所谓的"不安全因素"一一排除，尽量让孩子不受"挫折"、不受"伤害"。

但是这种做法带来的直接后果就是孩子变"宅"了，等孩子一上小学，别的小朋友都在外面做游戏，只有这位小朋友自己坐在教室中，因为他"怕"，这便是最初的社交恐惧。孩子变孤僻了，家长才着急，急着让小朋友去和别人玩，殊不知，孩子的社交恐惧已经形成，在心理学上已经成为一种病态。

小糖糖已经 4 岁，原来是由奶奶和妈妈带，后来妈妈打算出去工作了，就将小糖糖送到了幼儿园。可是几周之后，幼儿园老师打来电话，说他们的孩子可能有社交恐惧症，建议进行心理辅导。妈妈对此很诧异，糖糖是一个很可爱的小女孩儿，又爱笑，每天上下学接送时，她总是跑跑跳跳、高高兴兴的，怎么会有社交恐惧症呢？

老师建议妈妈送完孩子后观察一下，在老师的陪同下，妈妈来到糖糖的班级外面。透过窗户，妈妈看到无论是上课还是自由活动，糖糖总是一个人躲在小朋友们的后面。老师上课提问到他，她低着头、红着脸，小嘴张张合合，却不知道在说什么；自由活动时，小朋友们大部分都聚在一起，而糖糖却一个人搬着小板凳在边上自个儿玩积木，偶尔有小朋友过来时，糖糖都迅速躲开了。

妈妈突然想起来，每次带着糖糖外出，遇到邻居或者熟人时，糖糖从来不叫人，有时装作没看到，妈妈让她叫人时，她就往妈妈后面躲，小脸红红的。之前以为是小姑娘害羞的原因，如今才知道这是典型的儿童社交恐惧症。

在心理老师的疏导下，糖糖有了些改变。妈妈也从心理老师那了解到糖糖社交恐惧症的诱因。原来，奶奶和妈妈在糖糖很小的时候就开始了对孩子的安全教育，常常给孩子讲"小红帽""小兔子乖乖"等防诱骗的故事；奶奶还常常当着糖糖的面说邻里之间的矛盾；妈妈也常常因为爸爸没注意让糖糖受伤的事跟爸爸吵架，摔东西。总而言之，整个家庭氛围在孩子的内心世界留下了阴影。在孩子的眼中，外界的一切都是危险的，只有在妈妈身边才安全，所以她尽量避开与外界接触的一切机会，久而久之，变得孤僻了，形成社交恐惧症。

人际交往是一种基本智能，2—6岁是人际交往智能成长的关键时期，能够察觉并区分他人的情绪、意图、动机和感觉，并运用语言、动作、手势、表情、眼神等方式与他人交流信息、沟通情感，这是一种能力。国际21世纪教育委员会提出，人际交往能力是教育的四个支柱之一，儿童早期的人际交往技能、交往状况会深深影响其未来的人际关系、自尊，甚至幸福生活。因此，提醒已经建立"大气层"的家庭，请将孩子放归宇宙，让孩子快乐成长吧。

1. 带孩子多见识世界

家长的过度呵护会让孩子丢失交往智能增长的机会，多带孩子接触同龄人，培养孩子的自信心，让孩子接触世界的机会多了，他就乐意跟人交往了。如带孩子去游乐园、淘气堡之类的室内游戏场所时，家长站在外面，将孩子控制在视线范围内，让孩子尽可能自由，又不会出危险。这样孩子就可以在这个小天地中尽情地游戏，与人交流。

不要怕孩子之间的争吵与打架，这是难免的。他们在争斗中碰了钉子，就会有意识地忍让一些，获得暂时的平衡。被欺负的一方实在忍让不了了，奋力反击也是理所当然的，男孩子即使受点儿皮肉之苦，也比失去尊严要好。因此，千万不要用"好孩子就不能打架"的刻板观念限制孩子竞争的天性，也不要用"谁惹我们，我们就打他""不能受气"的极端做法来诱导孩子的判断力。

2. 家校合作，帮助孩子

到了一定年龄，孩子在幼儿园、学校的时间是长于在家的，所以请老师多增加些合作游戏，比如丢手绢、过山车等，让孩子们交朋友。当然，也不要错过任何一个让孩子与同龄人接触的机会，比如孩子生日时可以请其他孩子到家里玩，别的小朋友邀请也要鼓励孩子去赴约。

为孩子营造一个和谐的家庭氛围，对孩子的成长很重要。据统计，儿童心理创伤多来源于家庭内部爱和安全感的缺失，而且形成创伤的年龄越早，对一个人的心理影响越大，甚至会影响终生。

授之以渔，放孩子去闯世界

在这个多彩的世界中，除了人类之外，还有很多可爱的小动物，放眼动物的教子之法，需要我们人类学习的有很多，有时我们真的不如那些动物。

鹰是鸟类中最威武的动物之一，教子之法也很威武。它们多数生活在悬崖峭壁上，小鹰出生后，鹰父母会抚养它一小段时间。这段时间中，小鹰的身体逐渐强壮起来，翅膀上的羽毛也逐渐丰盈。这段时间过后，鹰父母会把巢里的干草、树叶等垫窝的东西用嘴叼着扔出巢外，露出筑巢的树枝上的尖刺，小鹰被刺痛就会哀号，但鹰父母还是会毫不留情地赶走它，甚至扑打它，把它扔出巢外。这时的小鹰只能用尽一切力量扑打双翼使自己飞起来，而不至于摔得粉身碎骨。这时父母完全不会再理睬它，这便是爱的放手。

就连"森林之王"狮子对孩子的教育方式也是"放手"。在激烈的生存竞争中，它们仍然不敢掉以轻心。刚出生不久的幼狮，如果能独立行走，就会被公狮推下石崖，再让小狮子自己寻找出路，想办法爬上来。而公狮和母狮只是站在一旁，保持一种相对安全的距离，只要幼狮没有生命危险，绝不伸出援助之手。这也是一种爱的放手。

读完鹰与狮子的教育之法，你会发现，它们在对待"孩子"的观点上很明确，鹰在小鹰的羽毛足以飞翔的时候就放手让它飞，狮子在保证小狮子安全的情况下尽可能放手地让他跑。

某天傍晚，一个叫亨利的青年站在河边发呆。这天是他30岁生日，但他却找不到了生活的动力。他从小在福利院长大，身材矮小，长相也不漂亮，最重要的是讲话带着浓重的乡土口音，受到过很多嘲笑，所以他一直自卑，连最普通的工作都不敢去应聘，没有工作也没有家。

亨利正在思考跳与不跳的生死问题时，他的好友约翰兴冲冲地跑过来对他说："亨利，告诉你一个好消息！我刚从收音机里听到一则消息，拿破仑曾经丢失了一个孙子。播音员描述的特征，与你毫不相差！"

"真的吗？我竟然是拿破仑的孙子！"亨利一下子精神大振，联想到爷爷曾经以矮小的身材指挥着千军万马，用带着泥土芳香的法语发出威严的命令，他顿感自己矮小的身体也同样充满力量，讲话时的法国口音也带着几分高贵和威严。

就这样，凭着他是拿破仑的孙子这一"美丽的谎言"，凭着他要成为拿破仑的强烈欲望，30 年后，他成为一家大公司的总裁。后来，他也请人查证了，他并不是拿破仑的孙子，但是这事已经不重要了。

一个好的称职的教师，不但要给学生以知识，还要教会学生自学的方法。联合国教科文组织曾谈道：今后的文盲将不再是不识字的人，而是不会自学和学了知识不会应用的人。作为家长，现在需要思考的就是这个问题，亨利由一个碌碌无为的落魄青年成长为一个公司总裁，是因为一个"美丽的谎言"，而这个"谎言"正是一种引导，或者说一种诱导。而我们的很多家长并不了解，总是想给孩子当保姆，俗话说"受人以鱼，不如受人以渔"。家长为孩子捕了很多鱼，让孩子吃饱，如果不去教会他如何"渔"，终有一天孩子会饿到的。所以，我们当务之急就是要放手，并在放手之前教会孩子独立生存。

1. 让书籍促进孩子情商的提高

书籍的力量不可预估，犹太民族是最爱读书的民族，他们已经在全球流散 2000 年，甚至连语言都丢失了，但他们在各领域大师辈出，群星灿烂，用只占世界的 0.2% 人口将 29% 的诺贝尔奖收入囊中。

给孩子准备一些他能看得懂的故事书，让孩子从书中学习为人处事。也可以给孩子讲一些有关情商管理的书，让孩子从书中了解如何待人接物。比起家长繁杂的说教，书籍引导会让孩子的信服程度加深。

2. 帮助孩子掌握基本的生存技能

孩子们都非常喜欢与小伙伴一起玩，但由于缺乏交往的经验、能力，在过程中就会遇到这样那样的问题，甚至会吵嘴打架。所以，教给孩子一些基本的交往技能非常必要，这是一种生存技能的传授。

比如，告诉孩子要常常使用三个词："请""谢谢""对不起"，这三个词既会将孩子塑造成有礼貌的谦谦君子，又会避免一些因误会造成的不必要的矛盾。与人为善，就会使孩子成为伙伴中最受欢迎的人。

3. 让孩子走出"自我中心"的误区

在现代家庭中，因为家长的"圈养"，很多孩子以自我为中心，"小皇帝"的思想已经深深腐蚀了他的头脑，听不得否定的意见。所以，应该让孩子直面这些问题，告诉他在这个世界上除了家人会将他捧在手心之外，任何人都不会这样谦让他。

也要告诉孩子正确处理自己与其他小伙伴、个人与集体的关系，让他懂得尊重自己，尊重他人，在同说同玩、同笑同乐中获得知识经验和行为规范，学会控制自己的愿望、情感和行为，培养孩子团结友爱、关心别人、克己忍让和勇敢、开朗、乐观向上的性格。

4. 学会找到"好朋友"

所有家长都希望孩子能交到"好"朋友，因此很多人都功利地教孩子选朋友："要与那些学习好的同学玩。""不要总跟那个小孩儿玩，他的家人素质太差。""咱跟那些老实、优秀的孩子做朋友哦。"

家长一般都希望自己的孩子能交上好朋友，但"好"的标准是不一样的。家长的"好"主要是指学习优秀，乖巧懂事；孩子认为的"好朋友"，更多的是与自己志趣相投、脾气相投。如果家长发现孩子交的朋友确实是"问题少年"甚至是"不良少年"，也不要粗暴干涉，而是要给孩子更大的理解、尊重和关怀，讲一些古时"孟母三迁"等故事，让孩子自己去决断他与朋友的事情。

"好朋友就是好人生"，与什么样的人交往，自己就会变成什么样子，所以如何交朋友是一门很深奥的课，家长要先学会，才能传授给自己的孩子。

授之以鱼不如授之以渔。每个孩子都有很强的学习力与模仿力，没有教不好的孩子，只有不会教的家长。所以，如果想让自己的孩子变得更加优秀，就应该先学会怎样教，然后放手让孩子去锻炼。孩子自己一个人"闯世界"，自然会面临种种挫折，这时就需要家长更加细心地分析，反复地建议。

每个孩子都像一棵小树，如果养在屋子里，他不能长高长壮，如果放在外面，又担心有人会对他造成伤害。那怎么办呢？最好的方法就是将小树种在外面，然后细心看管，勤浇水，勤整枝打杈，夏天风雨袭来时帮他挡一挡，冬天暴雪降临前帮他保保暖。终有一天，小树长大了，立在我们眼前的，已经是一棵笔直的参天大树了。

第 9 章

本未别倒置：忽视孩子的心灵给养，远比物质匮乏更可怕

为人父母，我们应该给予孩子什么，是舒适的生活环境、丰厚的物质条件，还是关心爱护、理解支持，以及丰裕的心灵给养？如果是前者，那这父母和自动取款机有什么区别！

我们应该记住，物质不能代替爱，更不能给孩子心灵的满足。用心爱孩子，满足孩子的情感需求，才能让孩子更快乐、更幸福！

给孩子高质量的陪伴，而不是用钱来补偿遗憾

"陪伴是最长情的告白。"不知何时，这句话常常出现身边的角角落落，很多人对这句话也早已司空见惯。不知大家是否注意，与此同时，网络上一组组"带娃"的对比图出现了，最多的是"妈妈带的娃"与"奶奶带的娃"做对比，不知看到这些图，身为父母有何感想，是置之一笑还是引起深思呢？

那些"奶奶带的娃"的确是"又壮又胖"，但无论怎么看总觉得脏兮兮的，而且很"土"；而"妈妈带的娃"，男宝像小王子，女宝像小公主。身为父母的你想过没有，多年之后，孩子看到自己的照片时，会不会问你："为什么要把我送回老家？为什么别的孩子都能在爸爸妈妈身边？你们不爱我吗？"怎样回答呢？你的回答一定是："因为爸爸妈妈忙着给你挣钱呀！"

用餐高峰期，开小吃店的父母忙着挣钱，让1岁9个月大的儿子在店门口独自玩耍。晚上9时许，客人走得差不多了，他们才发现儿子不见了。着急的父母四处寻找，妈妈几度晕厥，无奈下报了警。

本末别倒置：忽视孩子的心灵给养，远比物质匮乏更可怕

当天晚上八点多，警方接到了群众的报警电话，在省二人民医院内有一个小男孩哇哇大哭，好像是与父母走失了。民警迅速赶到，抱着小男孩子在附近转了一圈，并没有找到孩子的父母。这时，民警想到了开小吃店的夫妻，他们的小吃店就在这附近，于是将孩子带到小吃店，果然，这孩子就是那对小夫妻走失的儿子。民警对夫妻二人进行了教育，他们表示把孩子送给老人带。

这是一个真实的事件，幸好孩子只是走丢，也幸好民警及时找到，但令人悲伤的是，两夫妻最后的选择——将孩子送给老人带。是的，钱需要挣，因为家需要养，但娃也需要陪呀！现代社会竞争如此激烈，在这个物欲横流的大世界中，物质基础成为一个人能否幸福、风光的保障。因此，在挣钱还是陪娃这个两难的问题中，很多人选择了挣钱，用全部的精力为孩子的美好未来打拼。不过，多年之后，你也许会惊慌地发现，当年那个总想粘着你的小乖宝已经悄悄长成陌生人的样子。

小王在外地打拼已近 20 年了。夫妻俩勤劳能干，事业也蒸蒸日上，公司规模越来越大，目前正准备筹建几家分公司。但一直令他们夫妻不能释怀的是，他们的儿子一直在爷爷奶奶身边长大，现在已经上高中了，他们每年与儿子相处的时间还不到两周。小王总是劝妻子说："别伤心，我们没陪孩子，但给他挣钱了呀，将来他的前程无量，不会像我们一样受白手起家的苦了。"

春节时，他们又像往常一样，大包小包地给儿子买了很多东西，但儿子看也不看，低头只顾玩游戏。小王打开儿子的成绩单，一下就蒙了，原来名列前茅的儿子怎么跑到了成绩单的末尾？爷爷奶奶之前总是宠着儿子，一句差话也不说，现在也开始抱怨了：孩子的成绩越来越差，整天打游戏，什么活也不干，什么作业也不写，而且说什么也不听了。

小王妻子的脾气比较急，她冲着儿子发起了火，但孩子却和妈妈吵了起来。小王看不下去，上去就是一巴掌，没想到儿子一点儿也不怕，摔门就离家出走了。

小王气得扇了自己一巴掌，骂道："这是怎么了，两口子在外打拼，不就是想让家里过上好日子吗？怎么现在钱有了，孩子却成了这个德行呢？"妻子也哭着说："当初儿子多可爱呀，怎么长大就成这样了？"

这些问题不仅小王夫妻遇到过，估计很多父母也正在为这些问题困扰着。其实，孩子叛逆的来源就是缺少了那份应该来自父母的爱。他们在只有物质没有爱的环境中长大，却要求他们懂得爱，这个要求不是太"无理"了吗？

每个孩子都需要从父母那里得到爱，而这个爱就是来自陪伴。不要等到孩子只认物质时才想起约束，那是起不到任何作用的，孩子也不会听从这"莫名其妙"的管制。因此，既然为人父母，就要做到父母的责任，给孩子以陪伴——高质量的陪伴。

孩子的成长需要父母给予足够的安全感和亲密感，因此陪伴不是把孩子放在身边就可以了，一定要让孩子从你的言行举止中感受到爱，用轻松融洽的方式与孩子沟通和相处。

1. 睡前小故事

如果孩子还小，那拿一本绘本故事书，在睡之前为孩子读上几个小故事，孩子一定会很开心，他会在睡梦中露出甜美的微笑。等孩子长大了，在睡前可以陪孩子看一些培养品质、人格类的书籍，和孩子一起看，一起讨论，在对话中增进感情，养成孩子健全的人格。

2. 送上爱之吻

无论是上班前还是下班后或者睡前，记得给孩子一个充满爱的吻。中国人是很不善于表达爱的，但孩子很敏感，他们会从很多的细节中观察父母是不是爱他。即使你给他买了一堆玩具，也不如送给他一个甜甜的吻。

经常听一些妈妈诉说，每天出门就像上战场似的，孩子哭得撕心裂肺，妈妈的心碎得稀里哗啦。其实，孩子只是想确定，妈妈不会离开自己，妈妈是爱自己的。当妈妈常常因为赶时间，不顾孩子的哭喊，仓皇关门而去的那一刻，对孩子是一个深深的伤害，孩子会觉得妈妈不要我了，妈妈走了。其实，这时妈妈只需要在宝宝额头上轻轻地一吻，告诉他妈妈下班后会赶快回家。

3. 多一些时间陪伴

现在很多家庭是这样一种情况，孩子没醒时父母已经上班去了，等父母下班了，孩子已经睡着了。一天之中，孩子与父母虽然住在一起，却连个面也碰不上。到了周末，父母又要去参加各种聚会、应酬，孩子虽然可以见到父母，却连几句话也没说上。这可以称得上陪伴吗？那只是与孩子住在一起而已。

父母可以忙碌，但忙碌中总是有些个人支配的时间，把这些时间都送给孩子吧。陪他们说说话，周末一起去动物园、游乐场，不要等到你想陪孩子去买棉花糖时，却发现孩子已经长大，不再喜欢棉花糖了。

4. 与孩子成为朋友

温泉源是中国著名的儿童画家，当记者问他为何能受到小朋友的喜爱时，他说了这样一段话："我为孩子们画画，画故事连环画，画童话插图，就得像孩子那么想，那么看，于是嘛，也就有一颗童心啦！"把自己放在孩子的位置上，体会孩子的快乐，分担孩子的忧愁，与孩子融为一体，这就是温泉源的成功秘诀。

父母与孩子之间，不应是统治与被统治的关系，而应像朋友一样平等、自由。孩子提出的看法，父母应该认真考虑，有道理的就接受；而父母的想法也应该和孩子讲，不要自作主张地替孩子决定。当你能够做到这一点时，你就会发现教育孩子根本不用绷着脸！

金钱不是万能的，高质量的陪伴才是与孩子相处的正确打开方式。父母陪伴下的孩子，会成长为我们所希望的优秀的样子，那时不需要父母拿钱去做任何事，哪里还需要补偿呢？

"按劳付酬"——亦正亦负的有偿激励

不知从何时起，一种教育方法迎风生成——按劳付酬，很多人还为此制定了一系列"严密"的制度："帮妈妈刷碗——1元，帮爸爸拿拖鞋——1元，帮奶奶提菜篮——1元，帮爷爷挂鸟笼——1元……考试前 3 名奖 100 元，前 10 名奖 50 元……"很多家长对这种教育方法引以为豪，孩子为了赚到零用钱变得积极起来，家长也少了很多口舌，家庭就像一个小社会，处于一种平衡、稳定的状态。

但是，这种物质、金钱奖励的教育方法是值得思考的。它的确使孩子的积极性提高了，也利于孩子成就感的培养。但是，这里面埋藏着很多隐患，是值得用此方法教育孩子的父母注意的。

小珊的父母就是用这种方法教育孩子的。当很多小朋友都不认识人民币时，小珊已经会找零了，而且对等价交换也了然于心。小珊不想去幼儿园，妈妈会说："好孩子，你乖乖去上学，回来妈妈带你去肯德基。"小珊便会乖乖上学。妈妈屡试不爽，也渐渐习惯了这种方法："小珊，把玩具收拾到箱子，妈妈奖励你 10 元钱。""小珊，把饭吃完，我奖励你看 2 集动画片。""小珊，在学校得一个小红花，妈妈奖励你 1 元钱。"……

如今，小珊已经上了三年级，小珊妈妈已经感觉到了危机。如每次小珊要考试前，她都会问妈妈考好的奖励是什么，如果妈妈回答没有，小珊立刻就会不高兴地说："那我考试有什么用，我不考了！"像这种类似威胁的话，小珊妈妈已经听到了很多遍。每次孩子这样说时，小珊妈妈总感觉到冷汗直冒，但无能为力。

归根结底，还是小珊妈妈的教育方法出错了。从心理学的角度来说，人的动力来源有两种，一种是外部动机，另一种是内部动机。"按劳付酬"是外部动机的训练方法，如果长期激发孩子外部动机的生成，内部动机就会逐渐消失。就像我们用条件反射的方法来训练老虎，钻一个火圈就给它一块肉，如果有一天，它钻完了火圈而没有得到肉，就会大吼，甚至会咬伤驯兽师。

在孩子成长的过程中，每次取得成就，他们都是非常渴望得到别人的肯定的。但很多父母将这个肯定变成一种奖赏，因此，奖赏成为一种诱因，孩子已经对此形成习惯。按逻辑思考的角度来说，孩子的头脑中已经形成一种概念，成就是条件，成立之后就会触发奖赏；如果条件成立，而没有奖赏，做与不做也就没有意义了。

所以，过多的物质奖励只能让孩子变得越来越功利，而丢失原本的动力。美国第 33 任总统亨利·杜鲁门小时候遇到过一位老师，也许没有这位老师就不会有之后的总统。

这位老师非常温柔，无论走到哪里，孩子们都很喜欢。每个孩子都喜欢和老师说几句话，因为老师说话的声音也很温柔。最特别的是，这位老师很善于与孩子沟通，从不吝啬夸赞，如果孩子表现很优秀的话，她会轻轻地拥抱，然后在孩子可爱的小脸蛋上亲一下作为奖励。

有一次，班上有一个叫罗斯的小男孩儿，学习成绩很突出，也很遵守纪律。在罗斯他们升入新的年级时，这位老师安排罗斯上台致辞，而且还亲切地亲了罗斯的小脸蛋。亨利很羡慕罗斯，他也渴望让老师拍拍头，亲亲他的小脸。于是，他开始发愤努力，各方面都做到最好，他想用成绩来引起老师的注意。果然，没过多久，亨利的成绩提高了很多，老师在全面同学面前表扬了他，并拍了拍他的小脑袋。之后，亨利更加努力了，学习成绩也直线上升，很快就在班中名列前茅了。毕业时，亨利的愿望实现了，他果真上台致了毕业辞，也得到了老师亲切的一吻。

对孩子来说，父母的物质奖励最初换来的是兴奋，而之后就会出现思想倾斜，"金钱第一，物质第二"的想法会很快占领孩子的小脑袋，孩子就会形成错误的价值观。那么将来，他们就会以金钱、物质等条件来衡量周围的人，谁有好东西他们便向谁靠拢，谁能给他们优越的生活，他们便可以跟谁走。这是多么可怕的现实呀！其实，每个孩子都像亨利·杜鲁门总统小时候一样，如果家长能把物质奖励丢掉一边，像那位老师一样用精神作为奖励的话，一定会得到意想不到的惊喜。物质奖励就像个无底洞，一旦陷入恶性循环，很难再把孩子拉回正轨，而且很容易引发其他的一些青少年的成长问题。

当孩子为你刷完碗时，你抱一抱孩子告诉他："谢谢宝贝，你辛苦了，妈妈好感动。"当孩子拿了一百分的卷子回到家时，你亲亲孩子，说："你真是太棒了，你一定努力学习了吧？真是一个乖孩子。"不要吝惜夸奖，因为那将成为孩子前进的动力，丢开那些物质与金钱的诱惑，孩子一定会更加清醒、更加优秀。

节俭不是穷酸，从小培养孩子正确金钱观

当前这一代父母小的时候，爷爷奶奶对孙子说："吃饭吃完，不要剩米粒。"然后孩子就会拿起勺子，使劲地刮碗，生怕放过一粒米。现在爷爷奶奶端着饭碗，追着孩子满屋跑："宝宝吃一口，就吃一口，吃一口好不好？"再看看孩子，嘻嘻哈哈地跑着，就是不吃。两种场景的时间间隔并不是太久，的确看出我们的生活水平日益提高，可是否也看出了两代人的教育观点存在着质的不同呢？

年纪稍大些的人们都是经历过那个困苦的年代的，他们懂得一粒米的重要，那不只是米的问题，而是一种精神

本末倒置：忽视孩子的心灵给养，远比物质匮乏更可怕

的传承——艰苦朴素是中华民族的优良传统。但是，这伟大的传统正在一点点地消失，如今很多孩子沉浸在优质的生活中，根本就不懂得珍惜眼前来之不易的幸福，更何谈节俭呀。

一年闹灾荒，老百姓没饭吃，到处都有饿死的人。有人把情况报告给晋惠帝，但晋惠帝却对报告人说："没有饭吃，他们为什么不吃肉粥呢？"报告的人听了，哭笑不得，灾民们连饭都吃不上，哪里来的肉粥呢？孩子的价值观是从小点滴形成的，"人之初，性本善"，价值观是后天成长中由于外界干预而形成的。

不久前，李湘的女儿王诗龄与姚明的女儿姚沁蕾参加同一档综艺节目。大家都知道，李湘对王诗龄的教育一向都是要什么有什么，出门大牌加身，吃饭也是尽量昂贵、高级。而姚明虽然身家不菲，但为人低调，姚沁蕾也身着朴素装，完全看不到富二代的影子。当身穿贵装的王诗龄看到姚沁蕾的时候，很好奇为什么她可以和很多体育明星合影握手，居然还称呼姚沁蕾为"这个农村娃"。

这件事引爆了评论圈，网友们纷纷表示：小小年纪怎么这样没素质，而且单论家庭资产，王诗龄才算是"农村娃"。李湘对孩子的说法不但没有指引，反而又火上浇油："孩子的世界很直观。"这件并不复杂的事，大家都已经延伸到王诗龄的素质教养上了，又让大家联想到了李湘的教育方法，简直是毁掉了孩子的三观。

英国女王伊丽莎白二世经常说的一句英国谚语是，"节约便士，英镑自来"，每天深夜她都亲自熄灭白金汉宫小厅堂和走廊的灯，坚持皇家用的牙膏要挤到一点儿不剩。号称"车到山前必有路，有路必有丰田车"的日本丰田公司，在成本管理上从一点一滴做起，劳保手套破了要一只一只地换，办公纸用了正面还要用反面，厕所的水箱里放一块砖用来节水。一个贵为一国之尊，一个是世界著名的跨国公司，节约意识竟如此强烈，令人赞叹。难道我们能说这些勤俭的人都是因为穷酸吗？

勤俭节约不等同于吝啬穷酸，更不是让大家去过"苦行僧"的日子，而是科学合理地进行资产配置。勤俭节约是让孩子更合理地安排金钱，是理财能力培养的一种途径。事实证明，一个从小就懂得合理利用金钱、支配金钱的孩子，一般都具有很强的独立性和财富意识，在经济事务上的管理和操作能力也很强。试想一下，正确价值观的传输让孩子从小学会理财，岂不是比从小学会花钱更让人欣慰吗？

儿童行为学家经过研究发现，对孩子进行早期理财教育，将直接影响他一生的成就甚至命运。美国家庭中，孩子一般在3岁时就能辨认硬币和纸币，6岁的时候，父母就会培养他具有"自己的钱"的意识，等孩子长到十二三岁，父母就会要求孩子尝试打工赚钱；法国家庭中，孩子一般从3岁左右起，就要接受来自父母的"理财课程"。在这一课程里，父母会向孩子灌输基本的货币概念，等孩子长到 10 岁左右时，往往就已经有了独立的银行账户。

如果说孩子的理财能力要一点点培养的话，节俭生活习惯的培养，相对可操作性就更强了。比如去餐厅吃饭时，可以教会孩子使用团购软件，上面有很多商家促销发放的抵扣券，虽然有人会对这几块钱、十几块钱的抵扣券不屑一顾，但想一下，我们怎样都是付钱给商家，只是采用了一种合理的手段节省一部分钱而已。除了团购的点餐服务外，购物也有很多途径，在商场中的大牌，我们可以从正品代购的网站上以较低的价格入手，这价格差是商家为了更好地促销，我们何乐而不为呢？

那省下钱做什么呢？当然，钱自有它的用处。父母可以用省下来的钱为孩子买书、买文具，也可以用这笔钱来充电学习，或者去听一场音乐会、看一场电影，或者干脆去游乐场放松。如果父母做出了好的引导，孩子就会形成一种节俭的习惯，更可以培养正面、积极地看待金钱的态度。

总而言之，我们教育孩子的目的是让他懂得钱应该花在哪儿，不应该花在哪儿，在什么地方可以节俭，在什么地方就不能省钱。这便是帮助孩子树立正确的金钱责任感和价值观。如此一来，孩子对待生活的态度也会变得阳光、积极起来，他们的人生观也会塑造起来。钱是一个两面派的东西，能使人变好，也能使人变坏，教给孩子正确地认

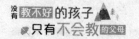

识贫富、正确地运用财富，就是给孩子的人生指明了方向。

给孩子留足万金，不如教他拥有强大内心

孩子天生就具有好强、好胜心，他们会从很多方面找自己的长处，然后拿来与别人相比，如果比他人强，他的心情是无比爽朗的，这是一种成就感。因此，某些家长为了让孩子高兴，还美其名曰"保护成就感"，做了些不该做的事，给孩子的认识造成偏差。

比如，有些家长为了让孩子显得比其他小朋友强，就为孩子买来各式各样的衣服、玩具，每个孩子都是"见新不喜旧"的，所以他们每次穿上新衣服时就会得到快感，拿新玩具在别人面前展示时会表现出前所未有的得意。家长看到孩子的状态，也许会欣慰地说：看，我的孩子的自信心越来越强了。

这是自信了吗？每一个用金钱显示优越感的孩子都是一个虚壳子，你会发现，他们穿上新衣服后兴奋的时间越来越短，得到新玩具后还想要更好的玩具，这都是人骨子里的欲望在作祟。家长可以用金钱来满足孩子的"贪"，但孩子却不能用金钱让自己变得强大。久而久之，他们会认为用钱可以解决一切，也会认为请小朋友吃零食，小朋友就会喜欢他，如果没钱了，小朋友都不会再理他。

　　有一个著名的实验：一共有三只笼子，笼子里都关着一只老鼠。第一只笼子里有个开关，踩一下就会有食物送进来，老鼠很快就掌握了能吃到食物的诀窍；第二只笼子也有个开关，但是踩一下就会被电击，老鼠再也不踩了；而第三只笼子里的开关，踩一下会有食物，再踩一下会被电击，如此反复，笼子里的老鼠就纠结了，不知道踩还是不踩。

　　我们现在的孩子就像"第三个笼子里的老鼠"，享受食物，却怕挫折，所以变得纠结，变得脆弱。所有的家长都希望孩子将来是成功人士，但看看那些成功的人，谁没有输过，谁不是从失败、成功、成功、失败这种反复中摸爬滚打过来的？所以，要想让孩子真正变得自信，内心变得强大，就要增强他们的心理素质，提高抗挫折能力。

　　张欣是一个很可爱的小姑娘，今年上五年级，她的家庭条件也很好，总是穿着名牌，时不时还会请小伙伴到家去聚会，很受同学们的欢迎。她就像一个娇傲的公主，对自己的要求也很严格，从来不让自己落人之后。

　　一次，期末考试结束后，张欣无精打采地回家了，妈妈看了看成绩单，还不错，第四名，于是说："欣欣，考得还可以嘛，下次加油哦。"

　　张欣忽然"哇"地大哭起来，她冲妈妈嚷道："什么还可以，才第四名，宁宁那个整天穿着校服的丑姑娘考了第一名，这是为什么？"她抑制不住内心的痛苦，继续说，"现在同学们都说宁宁是最棒的，根本就不理我了。"

妈妈觉得欣欣的上进心很强，于是宽慰地说："没关系，下次我们好好复习，那时一定会考好的。"但是张欣根本听不进妈妈的话，饭也不想吃了，晚上也不睡觉，就是坐在那皱着眉头。

第一天，妈妈觉得欣欣在闹情绪，就没有管，心里还为欣欣的上进心高兴呢。但一天、两天、三天……欣欣并没有恢复以前的状态，孩子的整个身体像泄了气的皮球一样，无精打采。

这下妈妈着急了，东奔西走地找心理医生。其实，这就是孩子内心承受力差的问题。现在很多孩子都是这样，玩具不买就躺在地上大哭大叫，受到点儿挫折就寻死觅活、离家出走。有些孩子因为老师的批评就不去上学，甚至以自杀来要挟。

不得不说，在孩子成长的道路上，没有总是一帆风顺的，总有跌倒的时候，只要跌倒了再爬起来，才能走得更稳、更好。俗话说："给孩子留足万金，不如帮孩子修一颗强大的心。"身为父母，我们的最大任务不是给孩子多好的物质享受，而是如何训练孩子变得坚强、勇敢、强大。

告诉孩子，每个人都会有成功和失败、辉煌和落魄，我们不会赞赏那些顺风顺水的船，而会去赞赏那逆风行船的坚强。著名的教育家卢梭曾说："我们手里的金钱是保持自由的一种工具，而内心的力量则与这些外物没有纯粹的关系。"

1. 做一个乐观的人

两个人走在沙漠中，又饿又渴，他们翻来翻去，发现包里还有半杯水。一个人说："唉，就剩下半杯水了，那我们怎么走出这无边无际的大沙漠呀？"另一个人则说："还好，还有这半杯水，也许我还能走出这大沙漠。"这个简单的小故事给我们展示了两种人，每位父母都会想让孩子成为第二个说"还好"的人，所以想要成为那样的人，就要从平时的点滴小事做起。

遇到困难时，父母即使心情再低落，也要对孩子说："没什么大不了，总会有解决的办法的。"让孩子的心情充满希望，孩子也会渐渐变得阳光。

2. 做一个独立的人

从孩子小时候起，父母就要有意识地锻炼孩子的独立、自主能力，比如摔倒了自己爬起来，自己的衣服自己穿，饭要自己好好吃，晚上睡前选好第二天要穿的衣服、准备好第二天需要的学习用品……一个独立的孩子的内心是强大的。

很多孩子会遇到这样的问题，平日都是妈妈在照顾自己，一旦妈妈有事情，孩子的生活就变得一团糟了。成人也是同样，一个对丈夫太过依赖的人就会成为一个寄居蟹，一旦寄居的壳子出了问题，自己就会陷入混乱，无法自拔。

3. 做一个听得进"坏"话的人

这一代孩子在父母的夸赞中长大，他们从来不懂得

"良药苦口"的道理。老师批评上课不专心了，回到家就与家长闹，说老师不喜欢他；妈妈关掉电脑让他好好写作业，他就与妈妈大闹，扬言要离家出走……这样的事层出不穷。还有些孩子从来就听不得批评，做错了题，同学给他指出来，正要给他讲做法时，他却嚷着说："好好，就你行，我会了，会了。"其实，他真的不会。

自古有云："棍棒底下出孝子，娇养造就忤逆儿"，"玉不琢，不成器；人不学，不知义"，其实是告诉孩子，每一个指出你缺点错误的人，是对你好的人，那是让你更进步、更优秀。

内心强大的孩子，哪怕你不给他金钱，他也会挣来金山银山；相反，承受力差的孩子，哪怕你给他金山银山，他也会生活在恐惧、懦弱中。给孩子一颗强大的内心吧，那就等于给了孩子一生的保障，邓小平同志三落三起，这不就是靠着强大的内心吗？

不要让"电子保姆"取代父母的角色

最近，一首歌在网络上火了起来，那是因为它唱得太真实了，引起人们的深思。这首歌的题目是《爸爸妈妈请把手机放下》，是由一个叫张馨允的朋友演唱的。歌词的大概内容是：

本末别倒置：忽视孩子的心灵给养，远比物质匮乏更可怕

"手机有魔法，

感觉很可怕，

抢走了爸爸，

抢走了妈妈。

爸爸和妈妈，

像中了魔法，

一天到晚拿着手机他们在干吗？

爸爸妈妈请把手机放下，

陪我一起玩游戏，

一起画画；

爸爸妈妈请把手机放下，

跟我讲讲故事，

伴我快乐地长大。"

手机给我们的生活带来了很多便利，改变了我们的生活，但同时，你有没有发现，已经不是我们在用手机，而是手机缠住了我们。路上的低头族屡屡出事，公益广告上也告诫大家放下手机，还有人用躺着玩手机的照片与民国时期抽大烟的图片做对比，那姿势简直是一模一样。虽然大家都在呼吁，但是看手机似乎已经成了习惯，也危害到了我们的下一代。

有一则短片很发人深省。短片一开头，就可以看到一位年轻的妈妈和她可爱的小女儿，孩子很失落，因为她在等妈妈给她熨衣服，可妈妈在打电话。

早餐时间到了，女儿无聊地大口吃着早餐，妈妈还在忙着自己的事。

电梯中，公交车上，妈妈始终专注地看着手机，小女孩在一旁噘着小嘴，她几次想拉拉妈妈，让妈妈陪她看风景，哪怕说说话，但她没有拉妈妈，妈妈也没注意到女儿的伤心。

小女孩上台表演前，妈妈帮她戴上了皇冠，穿好衣服，小女孩这时开心地笑着，脸上的阴云已经散得一干二净。可是，当她上台开始朗诵时，发现妈妈正拿手机直播她的朗诵，妈妈也只是通过手机看着自己。于是，小女孩不高兴了，她换了一首诗去朗诵，那是她在心里忍了很久，想对妈妈说的话。她请妈妈放下手机，看一看自己的女儿，女儿有很多说不完的话，要对妈妈讲。妈妈听着听着，流出了懊悔的眼泪。

很多父母发现，当小婴儿哭闹不听话时，只要将手机递过去他便不哭了。于是，每次孩子哭闹不听话，便会得到玩手机的待遇，简直就成了一种条件反射训练。哭闹会得到手机，那么想得到手机时便哭闹，这手机成了"保姆"，帮着父母看着孩子。小孩子变乖了，父母想做什么事就做什么事，孩子也不会上前干扰了。随着孩子年龄的增加，他已经不满足于一个手机做的"保姆"了，开始迷上了电脑，iPad 也不离手，落得轻松的父母这才发现孩子已经成瘾，没法控制了，这时想管却困难重重。

其实，我们也不难发现，家庭条件越好，孩子接触电子产品也就越早。科技进步本来是一件好事，但如果将孩子的未来寄托于一个电子产品上，岂不是很悲哀？ iPad 之父的乔布斯是不允许自己的孩子用 iPad 的。乔布斯生前有三个年幼的孩子，他在接受《纽约时报》记者采访时说："孩子没有用过 iPad，因为我们家是限制他们使用智能产品的。"这不得不使人回到生活中的常见场景：高铁上，孩子都抱着个触摸屏，沉浸其中，乐不可支，再看家长也抱着手机面带笑容；饭店里，家长为了边吃边喝，把手机扔给孩子看动画片；沙发上，父母窝着玩手机，孩子在书房玩着电脑……

我们虽然不能否认电子产品开阔了孩子的视野，在培养孩子的专注力、手眼协调能力、激发学习兴趣方面有着潜在优势，但是如果为了图轻闲，无休止地玩电子产品，孩子的视力就会出现问题，智力、体力也会受到影响。

"电子保姆"伤身体。长期一个姿势看电子产品，颈椎病及缺乏运动导致的问题会随之而来，语言发育也会受到影响。英国的一项调查显示，有语言障碍的少年儿童在 6 年间增加了 71%，与智能手机、游戏机等电子产品更多地进入儿童生活有一定的关联。因为使用电子产品是被动、单向的交流，与正常社交的形式不同，让孩子沉迷于电子产品而非日常交际生活，会给孩子的语言发育造成不良影响。国家卫计委在《儿童眼及视力保健技术规范》中建议，0—6 岁的儿童，每次操作电子视频产品不宜超过 20 分钟，

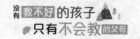
每天累计时间建议不超过 1 小时。

"电子保姆"损伤想象力。孩童时期是早期想象力、注意力形成的关键时期。有科学家做过实验，同样是白雪公主的故事，一组孩子读书或听故事，另一组孩子看动画片，结果前者无论是复述能力还是记忆力，都比后者更精准、更牢固。在想象力方面，前者"一千个孩子心中有一千个白雪公主"，大家用画笔画出了自己心中的白雪公主，真是千差万别。后者则被禁锢了想象力，一千个孩子心中只有那个身着蓝裙、头戴蝴蝶结的白雪公主。

"陪伴是最长情的告白。"对于孩子而言，父母如果能陪一陪自己，一起游戏，一起出门，将是多么愉快的事儿呀。与孩子心与心地交流，及时给孩子的心灵以给养，远比花几千块，给他派出一个冷冰冰的"电子保姆"强。

良好的教养胜过万金

李某是农村人，她有一个儿子，今年 10 岁了。李某平日在城里打工，她觉得赚钱就要花在该花的地方，孩子正在需要教育的年龄，她从不吝惜给孩子买书的钱。平日，只要一有空闲，她就会回家陪儿子，因为她知道，现在孩子最需要的就是父母的陪伴。

李某的妹妹也在城里打工，她心心念念就想嫁一个城

本末倒置：忽视孩子的心灵给养，远比物质匮乏更可怕

里人，当然她也如愿了，并生了一个儿子明明。李小妹对明明简直就是百依百顺，孩子现在 9 岁了，可对金钱毫无概念，因为妈妈那有的是钱，要多少有多少。李小妹从嫁到城里之后，对姐姐也越来越瞧不起，所以明明对小哥哥也充满了敌意。每到李某带着儿子来看妹妹时，总被小外甥挡在门口，明明还喊着："你们两个土包子，来我家做什么？"

一天中午，李某带了儿子来妹妹家做客，吃饭时明明翻了几筷子菜就上楼了，并朝着哥哥撇了撇嘴，懂事的小哥哥装作没有看到，低下了头。吃完饭，李某因为下午有事就带着孩子离开了，刚出门就发现给妹妹装土特产的帆布袋忘拿了，那是她平时做手袋用的。于是李某折回去拿，可是刚到门口，就听到李小妹说："农村人一点儿眼力价儿都没有，天天来巴结，家里都脏死了。"李某扭头就回来了。当孩子问妈妈为什么没拿手提袋时，李某摇了摇头，对孩子说："宝贝，你记住，妈妈不求你以后赚大钱，但希望你做一个有教养的人，尊重每一个人。"孩子点点头，说："记住了，妈妈。"

不要让孩子拿金钱去炫耀，也不要让孩子用物质去比较人的优劣。在这个世界上，每个人都是平等的，一个高尚的灵魂比金子做的心更值得尊重。明明虽然从小受到李小妹金钱的装点，但却丢失了善良的人性，这样的孩子长大后可能就会因只认钱，而让人说成毫无教养。李某虽然钱少，但她却懂得怎样教育孩子，用仅有的钱为孩子买书，这样的母亲该是多么伟大。所以她的儿子也很有教养，而对弟弟的无理闹也选择无视；看到妈妈的尴尬，就知道发生了什么，他用"记住了，妈妈"来回应，那是对妈妈最大的安慰。

孩子在没有形成自己的世界观之前，身为父母，我们要告诉他们哪些是恶的，哪些是善的，哪些事情可以做，哪些事情不能做，还要给孩子实践的机会。"勿以恶小而为之，勿以善小而不为"，让孩子们从点滴做起，在生活中磨炼自己的意志，提高自我控制、自我调节、自我转化的能力，从而养成良好的道德习惯，形成稳定的道德品质，那便是人们口中所说的教养。

有教养的人从不炫耀他的优势：与人交往是人与人之间内心的交流，如果你的言行让别人感到了不快，甚至尴尬，那便是一次失败的谈话。不要让孩子总在别人面前炫耀自己家有多少钱，爸爸妈妈的工作有多么好，这会让对方感到心情低落，也会觉得你是一个爱吹牛而不可靠的人。

有教养的人懂得尊重他人：每个人都是平等的，也有不同的优点或者缺点，所以与人相处要懂得尊重他人，不用眼神、表情等微动作让人感到不快。也不要对别人的兴趣、爱好、习惯等表示否定态度，更不能以自己的观点来指责别人。哪怕有不同意见，也要尽量委婉。

有教养的人守时守信：《世说新语》中有一篇小文《陈

太丘与友期》，陈太丘与友人相约，但因为友人的不守时，陈太丘就先走了。友人来后，对着陈太丘的儿子元方说："真不是人呀！和别人约好却自己走了。"元方听后，反驳说："您与我父亲约的是正午，您正午没有来，那是您不守信；现在您又对着我骂我父亲，真是太没有礼貌了。"

小小的元方将这位友人说得无地自容，友人的教养让人猜度，如果他有教养，那他就会守时守信。现在他毫无时间观念，又骂人，这的确是没有教养呀。所以，一定要告诉自己的孩子，守时守信是有教养的表现，做事要有计划、有安排，同样也是有教养的体现。

有教养的人随时注意自己的言行：一个人的仪态可以反映出不同的思想境界、精神面貌、道德观念，既构成外在美，也体现内在美。告诉孩子要注意平日的细节，比如说话要看着对方的眼睛；不能随意打断别人的话；公共交通工具上，要给老幼病残孕让座；与长辈说话不能大吼大叫；吃饭不能拿筷子乱翻菜，嘴巴不能有太大的响声，不能玩手机……

一个人的教养，是日积月累形成的，是靠平日的点滴小事表现出来的。所以，让孩子变得有教养，不是朝夕就可以的，家长特别要注意，因为你平日的言行直接影响到孩子，每个孩子都是善于模仿的，给孩子一个纯净的环境，让孩子有教养地成长。